Eugen von Mercklin

Der Rennwagen in Griechenland

Eugen von Mercklin

Der Rennwagen in Griechenland

ISBN/EAN: 9783955643775

Auflage: 1

Erscheinungsjahr: 2013

Erscheinungsort: Bremen, Deutschland

@ EHV-History in Access Verlag GmbH, Fahrenheitstr. 1, 28359 Bremen. Alle Rechte beim Verlag und bei den jeweiligen Lizenzgebern.

DER RENNWAGEN
IN GRIECHENLAND

EUGEN von MERCKLIN

LEIPZIG 1909
DRUCK VON RADELLI & HILLE

INHALT

	Seite
Vorwort.	
I. Die mykenische Periode	1
A. Ältester Typus, Denkmäler *1—5*	2
B. Syrisch-ägyptischer Typus mit Längsverbindung, *6—15*	11
C. Rechteckiger Grundriß, sonst wie B, *16—33*	15
Die Zugtiere und ihre Anschirrung	26
D. Spätmykenischer Bügelwagen, *34—37*	28
Ergebnis	29
II. Die geometrische Periode	30
A. Der „ägyptische" Typus	32
a) Modelle aus Olympia *38—44*	32
Modell aus der diktäischen Grotte *45*	32
b) Flächendarstellungen *46, 47*	39
B. Der helladische Typus	43
a) Modelle *48—51*	43
b) Flächendarstellungen	50
α) Wagen in absoluter Profilansicht und entwicklungsgeschichtliche Vorstufen dazu. *53—69*	50
Spätgeometrischer Kastenwagen. Hydria aus Kavusi *70*	56
β) Wagenbilder, in denen die Einzelteile ohne Rücksicht auf den Zusammenhang und die Perspektive in ihrer charakteristischen Ansicht auseinandergelegt sind *71—79*	56
Ergebnis	65
Schlußwort	67

VORWORT.

Vorliegende Arbeit behandelt die in Griechenland während der mykenischen und geometrischen Periode nachweisbaren Wagentypen. Sie führt die Untersuchungen über die Geschichte des Rennwagens im Altertum fort, die von Herrn Prof. STUDNICZKA angeregt und zum Teil von ihm selbst ausgeführt wurden. Über Ägypten, Syrien nach den ägyptischen Denkmälern, Mesopotamien und Persien samt Baktrien handelte OSKAR NUOFFER in seiner Dissertation „Der Rennwagen im Altertum, erster Teil", Leipzig 1904, über das syrisch-phönikische Gebiet Prof. STUDNICZKA im Jahrbuch des K. D. Archäologischen Instituts XXII 1907, 147 ff. Auf beide Abhandlungen wird mit den Anfangsbuchstaben der Namen ihrer Verfasser (N. bzw. St.) und den Nummern der von ihnen besprochenen Denkmäler verwiesen. Auch hier sind die Monumente mit cursiven Ziffern, welche mit den Nummern unter den Abbildungen übereinstimmen, fortlaufend durchnumeriert.

Mit Verfassernamen und Seitenzahl allein wird der Abschnitt über den homerischen Streitwagen in WOLFGANG REICHELS „Homerischen Waffen", 2. Auflage S. 120 ff. citiert, zu dem im Verlauf der Untersuchung besonders häufig Stellung zu nehmen war.

Die Arbeit kann, da manche wichtige Einzelheiten nur durch Autopsie zu entscheiden sind, der Verfasser aber weder die Sammlungen Italiens und Griechenlands, noch die Museen Frankreichs und Englands kennt, in vorliegender Fassung nicht als abschließend gelten. Nach Vervollständigung des Materials soll das Versäumte nachgeholt und die Untersuchung auch auf die im Schlußwort kurz angedeutete Weiterentwicklung der griechischen Rennwagentypen ausgedehnt werden.

Vor allem habe ich meinem hochverehrten Lehrer, Herrn Prof. STUDNICZKA, den wärmsten Dank auszusprechen, nicht nur für die mir zuteil gewordene allseitige Förderung beim Zustandekommen dieser Untersuchung, sondern für sein reges Interesse an meinen Studien überhaupt und für die reiche Anregung, die ich von ihm empfangen durfte. Ferner sei schon hier allen denen, die durch Auskünfte oder durch Vermittlung von Photographien und Skizzen mir behilflich gewesen sind, aufrichtigst gedankt, ebenso den Herren, die mich bei meinen Studien in den Sammlungen unterstützt haben, Herrn Professor WOLTERS in Würzburg (jetzt in München), den Herren Dr. ZAHN und Dr. REGLING in Berlin, Dr. BANKÓ und Dr. MÜNSTERBERG in Wien, Oberconservator PRIDIK, Baron MEYENDORFF und Dr. WALDHAUER an der Ermitage zu St. Petersburg.

Schließlich bin ich dem Archäologischen Institut der Universität Leipzig und der Verlagsbuchhandlung B. G. Teubner für die bereitwillige Überlassung von Clichés zu den beigefügten Tafeln zu bestem Danke verpflichtet.

I. Die mykenische Periode.

Auf griechischem Boden läßt sich der Rennwagen, wenn auch nur in vereinzelten Monumenten, zuerst in frühmykenischer Zeit nachweisen. Damals oder noch früher, also vermutlich vor der Hyksoszeit in Ägypten (nach ED. MEYER rund 1680—1580)[1]) wird der orientalische Wagen, wohl durch Vermittelung Syriens, in den mykenischen Kulturkreis aufgenommen sein. Beweis für die Zeit ist die Vierzahl der Speichen, eine im Orient zugunsten des sechs- oder mehrspeichigen Rades um die Mitte des zweiten Jahrtausends fast allgemein aufgegebene Erscheinung (N. S. 16 und 33, Taf. 1, 1, Taf. 3, 14, dagegen St. 12); für die Heimat spricht der reiche Schmuck der Verbindung zwischen Deichselende und Brüstung, der die nächste Analogie für uns erst später in Assyrien, besonders im neunten Jahrhundert, hat (N. S. 39, 45).

Die ältesten Monumente geben nur über den Gebrauch des Wagens zu Krieg (*1, 3—5*) und Jagd (*2*) Auskunft. Dazu gesellen sich auf spätmykenischen Darstellungen Aufzüge unklarer Bedeutung (Cyprische Vasenbilder). MURRAYS[2]) Gedanke an einen Zusammenhang mit dem Sepulkralkult ist möglich, doch nicht zwingend; ebensogut können Scenen aus dem täglichen Leben oder etwa Festaufzüge der Großen gemeint sein, wozu der von POTTIER auf *23* erkannte, aus assyrischer Kunst geläufige Sonnenschirm[3]) gut passen würde. Auf Götter- oder Heroengespanne deuten die

---

[1]) ED. MEYER, Ägyptische Chronologie (aus Abhandl. der Königl. Preuß. Akad. der Wissensch. 1904) S. 62.
[2]) MURRAY, SMITH, WALTERS, Excavations in Cyprus S. 9.
[3]) POTTIER zu *22*. Vgl. auch DE RIDDER, Catalogue de la Collection de Clercq V S. 307 Anm. 3.

beiden Flügelgreifen auf der einen Schmalseite der Larnax von Hagia Triada (*18 B*) und das vierbeinige wesentlich gleichartige Flügeltier mit Vogelkopf und einer Art Federkragen am Halse auf der Vase *30*.

Gemeinsam ist allen rein mykenischen Wagen das vierspeichige Rad und die centrale Stellung des Kastens auf der Achse. Beides weist auf Abhängigkeit von ältester orientalischer Sitte: Belege für das Rad sind bereits oben gegeben. Die Stellung des Wagenkastens ist noch in vereinzelten frühen Beispielen aus Babylonien (N. 20a, ED. MEYER, Sumerier und Semiten Taf. 8 vgl. St. S. 150), Ägypten (N. 4, S. 19) und Nordsyrien (N. 20, S. 29), wo sie bedeutend später wiederkehrt (St. 4, 7, S. 157), kenntlich.

Die Form des Wagenkastens wechselt.

A. Ältester Typus.

Einen Typus, der sich bis in die Zeit der älteren mykenischen Schachtgräber zurückverfolgen läßt, zeigt am klarsten der

1. Sardonyx aus Vaphio.

Athen, Centralmuseum, FURTWÄNGLER, Die antiken Gemmen I Taf. 2, 7. Ἐφημ. ἀρχ. 1889 Taf. 10, 1 S. 164 (TSUNTAS), PERROT und CHIPIEZ, Hist. de l'art VI Taf. 16, 9. REICHEL, in den Österr. Jahresheften II 1899, 140, 62 (vergrößert), danach Homerische Waffen[2] 139, 88 und hier Taf. 1.

Nach FURTWÄNGLER, Gemmen III S. 29 f. gehört der Stein, wie Material und Technik zeigen, zusammen mit den weiter unten zu besprechenden Gemmen *6—8* der Blütezeit mykenischer Glyptik an, wenngleich nicht gerade zu den besten Arbeiten. Sardonyx (*1*), Karneol (*6*), Sard (*8*) sind die damals bevorzugten harten Steinsorten; bei der Gravierung ist bereits das Rad angewandt. Dieser Technik, im besonderen dem tubusförmigen „Zeiger" wird die Ringform der Nabe zu verdanken sein, in welche die vier Speichen, anscheinend Rundstäbe, münden. Der Wagenkasten reicht bis in Hüfthöhe der beiden Fahrenden und ist der Deutlichkeit halber, wie oft in primitiver Kunst, über das Rad emporgehoben, jedoch nicht ganz von ihm losgetrennt (siehe unten *3—5*). Die Linie des Wagenbodens, die vom Künstler wohl mit Absicht unterdrückt ist, wird etwa in gleicher Höhe mit dem Scheitelpunkt des Radkranzes anzunehmen sein. Der Kasten kommt im Gesamtumriß der Brüstung noch der altorientalischen — babylonischen und hethitischen — hohen Wagenform nahe (N. 20a S. 30 und 20 Taf. 4 S. 29). Eine Gleichsetzung mit dieser verbietet aber der vom Scheitel der vorderen leicht vorgebogenen Grenzlinie nach hinten absteigende convex-concave Umriß des oberen Brüstungsrandes, der als mykenische Eigenheit zu gelten haben wird, solange keine gleichzeitigen oder früheren Beispiele aus dem Osten bekannt sind. Später hat ihn erst das nordsyrische Relief von Saktsche-Gösü (N. 50 Taf. 8 S. 67, St. 10 S. 153 vgl. S. 158) und durch syrischen Einfluß gelangt er bis nach Persien (Tributwagen N. 45 S. 66, vgl. auch N. 46 und die baktrischen Goldwägelchen N. 48 Taf. 8, 49 S. 67). Für den Grundriß des Wagens gibt er keinen sicheren Anhaltspunkt: er findet sich bei rechteckiger (N. 48, 49), wie bei vorne abgerundeter (N. 50, St. 10) Form. Daß letztere hier anzunehmen sei, macht jedoch ein Vergleich mit dem später zu besprechenden Goldring 2 sehr wahrscheinlich. Für Rundformen spricht auch die etwas vorgewölbte vordere Begrenzungslinie, offenbar der von ägyptischen Wagen her bekannte Mittelständer, auf dem dort der einheitliche Brüstungsrand liegt (z. B. N. 1 Taf. 1, 3). Ebenso wird die gleiche Erscheinung am ägyptisierenden Wagen der Dipylonscherbe unten 46 aufzufassen sein. Dort findet sich auch das Geflecht, welches auf 1 die Brüstung überzieht, wieder.

Die Deichsel, nach syrisch-ägyptischer Weise (N. Taf. 1, 1, Taf. 3, 14, Taf. 4, 17, 18, 20) am Ausgangspunkt steil emporgeknickt, erinnert in ihrer auffallenden Dicke an altbabylonische Reliefbruchstücke in Berlin (N. 20a S. 31, oben S. 2.) und im Louvre[1]), die auch für ihr Emporheben über die Pferderücken verglichen werden können. Auf gleiche Weise wird noch später ihr ganzer Verlauf sichtbar gemacht (geometrische Denkmäler unten 71, 72, 74 S. 64, nordsyrisches Relief St. 6 S. 154 (?)). Der Querriefelung der Deichsel auf den altbabylonischen Darstellungen entspricht hier die Umwickelung mit einem Riemen oder Strang.

---

[1]) Fragmente der Geierstele des Eannatum: a) de SARZEC et HEUZEY, Découvertes en Chaldée pl. 3 bis, Fragm. E¹, ED. MEYER, Sumerier und Semiten S. 87 mit Abb. auf S. 84. A. DELLA SETA, La genesi dello scorcio, Memorie dei Lincei Cl. Sc. Mor. Serie 5 Vol. XII tav. III—IV fig. 1. b) de SARZEC et HEUZEY a. a. O. pl. 4ter, Fragm. F², erwähnt von ED. MEYER a. a. O. S. 84.

Daß es die langen Enden der Jochverschnürung sind, was zur Verstärkung der Deichsel um sie herumgewunden wurde, ist doch sehr wahrscheinlich. REICHEL hat diese in den Österreichischen Jahresheften II 1899, 140 f. ausgesprochene Vermutung Homerische Waffen² 130 Anm. 1 wieder zurückgenommen, mit der Begründung, der neun Ellen lange homerische Jochriemen reiche für die Umwickelung der ganzen Deichsel nicht aus. Der Fehler liegt, glaube ich, in der durchaus nicht erwiesenen Gleichsetzung des homerischen Wagens mit dem mykenischen (vgl. einstweilen St. S. 158). In Ägypten und Syrien fehlt diese Umwickelung, doch scheinen dort dieselben Jochriemenenden zur Verbindung der Vorderbrüstung mit der Deichsel gedient zu haben (N. 10, 12 S. 23; 14, S. 27). Deichselumschnürungen, wie es scheint, mit dem Jochriemen, stellen noch unteritalische Vasenbilder des IV.—III. Jahrhunderts dar¹); das Fortleben der Sitte auf den griechischen Inseln bis in die Gegenwart bezeugt SVORONOS bei REICHEL S. 130.

Vom Ende der Deichsel führt eine Längsverbindung nach dem oberen vorderen Brüstungsrande. Den Zweck dieser vom helladischen Wagen noch bis ins V. Jahrhundert beibehaltenen Vorrichtung hat HELBIG richtig erkannt²). Sie soll „die Last der den ganzen Wagen tragenden Deichsel und des Joches den Pferden teilweise abnehmen und auf den durch die Fahrenden niedergehaltenen Kasten übertragen" (NUOFFER S. 40). Ebenso verhinderte sie im Falle eines Deichselbruches das Freiwerden der Pferde. Den ägyptischen und syrisch-ägyptischen Denkmälern ist sie durchaus fremd und wird wohl aus dem ferneren Orient hergeleitet werden müssen. Sie erscheint, freilich nur durch eine einfache Linie angedeutet, schon auf dem vielleicht noch ins zweite Jahrtausend zurückgehenden assyrischen Siegelcylinder N. 21 S. 32. In verschiedenen Variationen läßt sie sich dann auf frühassyrischen und den ihnen gleichzeitigen nordsyrischen Monumenten verfolgen, während ihr archaisierender Gebrauch bei den Assyrern des VIII.—VII. Jahrhunderts auf sakrale und festliche Gelegenheiten

---

¹) Z. B. Volutenkratere in Neapel, HEYDEMANN 3254 (Mon. d. I. IX Taf. 32/33, FURTWÄNGLER und REICHHOLD, Griechische Vasenmalerei II Taf. 89) und Ruvo, Sammlung Jatta, Katalog No. 1088 (Arch. Zeitung 1856 Taf. 88, Bull. arch. nap. N. S. I 1853, Taf. VI, wonach Wiener Vorlegeblätter III Taf. IV), Teller in der Ermitage, STEPHANI 1659 (unediert).

²) HELBIG, Das homerische Epos² 134.

beschränkt bleibt[1]). Auf unserer Gemme, dem ältesten Beispiel auf griechischem Boden, verläuft sie in leichter Biegung, wird also, wenn nicht bloß Ungeschick des Gemmenschneiders vorliegt, entweder einen federnden Stab, oder, was ich angesichts der späteren cyprisch-mykenischen Beispiele (unten *19—33*, S. 25) für wahrscheinlicher halte, einen Strang oder Riemen bedeuten sollen.

Von ihr hängen je zwei durch eine flache Bogenlinie verbundene Streifen herab, deren Enden scheinbar an der Deichsel befestigt sind (so REICHEL S. 142). Aber vielleicht rührt dieses Zusammentreffen nur von dem Emporheben der Deichsel her und sind die Zipfel als schematische Darstellung der freihängenden Wimpel zu betrachten, wie sie uns später noch in mykenischem Kunstkreise begegnen werden (unten *6—8*, S. 12). Ganz zum Ornament erstarrt, aber Abbild derselben Wirklichkeit sind die Bogen über dem Pferderücken auf einem Vasenfragment des ausgehenden dritten Stiles aus Tiryns[2]) (vgl. auch unten S. 25). Das Joch hat der Gemmenschneider fortgelassen; das am Nacken der Pferde sichtbare Rund halte ich mit REICHEL (S. 139) für das Jochkissen, wie es ähnlich, nur in Verbindung mit einem zweiten, größeren, in Ägypten gebräuchlich ist (z. B. N. 10, 11, 12 Taf. 2, 3 S. 24; REICHEL S. 138 Fig. 85).

Über die Anschirrung der Zugtiere wird besser erst am Schlusse des Abschnittes gehandelt.

2. Goldring aus dem vierten Schachtgrabe in Mykenae.

Hirschjagd. Athen, Centralmuseum, FURTWÄNGLER, Gemmen I Taf. 2, 8. REICHEL, Homerische Waffen[2] 92, 35. SCHLIEMANN, Mykenae S. 259, 334, danach SCHUCHHARDT, Schliemanns Ausgrabungen[2] 257, 230. Perrot VI 839, 420 (ungenau). Galvanoplastische Nachbildung von GILLIÉRON.

Das vierte Grab rechne ich mit FURTWÄNGLER und LÖSCHCKE, Mykenische Thongefäße S. 2 und SCHUCHHARDT[2] S. 315ff. zur älteren Gruppe der Schachtgräber, zu der auch Grab III und V gehören. Anders MICHAELIS in SPRINGERS Handbuch der Kunstgeschichte I[8] S. 89.

---

[1]) Frühassyrisch: N. 23—30 vgl. Taf. 5 und 6 S. 39. — Nordsyrisch: St. 4, 7, 9, 10. 5 (?), 8 (?) S. 154 f. — Spätassyrisch: N. 31, 34, 35 S. 45.

[2]) SCHLIEMANN, Tiryns Taf. XIV S. 117, in obigem Sinne berichtigt von TSUNTAS (zu *1*). SCHUCHHARDT, Schliemanns Ausgrabungen[2] S. 158, 130. HELBIG, Hom. Epos[2] S. 196, 51.

Auch hier ist nur ein Rad sichtbar. Die ungenügende Zeichnung bei Perrot läßt irrtümlicherweise auch das jenseitige unter dem diesseitigen zum Vorschein kommen. Die Darstellung hat vor *1* die Angabe der Verbindung von Speichenende und Radkranz voraus. Ähnliches Detail legte auf ägyptischen Reliefs der 18. und 19. Dynastie (N. 5, 9 S. 17) und auf spätassyrischen Denkmälern (N. 34, 36, 40—42 S. 46) die Annahme eines an der Innenseite abgerundeten Radkranzes nahe, wie er am ägyptischen Holzwagen in Florenz (N. 1 Taf. 1 S. 17, St. S. 147) und dem Wagen des Juje, des Schwiegervaters Thutmosis III. in Kairo¹) erhalten ist.

Vom Wagenkasten, der die Fahrenden nicht ganz so hoch wie *1* verdeckt, ist nur der über dem Rade sichtbare Teil deutlich gezeichnet. Seine Bodenlinie in Achsenhöhe zu denken, fordert schon die Größe der fahrenden Personen. Der Schwung des oberen Brüstungsrandes ist hier noch energischer hervorgehoben, als auf *1*. Das die Brüstung überziehende Korbgeflecht wird durch drei horizontale Querleisten zusammengehalten. Ich sehe wenigstens keinen Grund dazu, hier mit REICHEL (S. 123) ein „Ornament aus nebeneinander gereihten Buckeln oder Nagelköpfen" zu erkennen. Diese Struktur, welche sehr ähnlich noch die Bronzeschale St. 18 S. 172 wiedergibt, weist wiederum auf den schon zu *1* verglichenen altbabylonischen Wagen des Berliner Reliefs hin. Das Übergreifen der Querleisten über die vordere Begrenzungslinie findet eine Parallele in den Quersäumen der Frauenkleider auf dem großen Goldring FURTWÄNGLER, Gemmen I Taf. 2, 20 (PERROT VI 841, 425, COLLIGNON, Histoire de la sculpture grecque I 46, 23)²) und ist eine sichere Gewähr für die Annahme eines vorne gekrümmten Grundrisses, wie er auch für *1* wahrscheinlich schien (oben S. 3). Daß die Leisten nicht auch hinten in gleicher Weise über den Umriß der Brüstung hinausgreifen, muß auf Grund der galvanoplastischen Nachbildung ausdrücklich hervorgehoben werden. Damit fällt die schon von FURT-

---

¹) THEODORE M. DAVIS' Excavations: Bibân el Molûk. The tomb of Jouiya and Touiyou, London 1907, Taf. 1 und 32 S. 35f. (NEWBERRY).
²) Vgl. auch den Steatit aus Knosos Annual of the British School at Athens VIII 1901/02 S. 102, 59, danach Archiv für Religionswissenschaft VII 1904 S. 148, 31 (KARO) und den Goldring aus Vaphio, FURTWÄNGLER, Gemmen I Taf. 2, 19 ('Εφημ. ἀρχ. 1889 Taf. 10, 39, PERROT VI 847, Fig. 431, 9).

WANGLER[1]) als „jedenfalls äußerst unwahrscheinlich" bezeichnete Reconstruction dieses Typus durch REICHEL (S. 123 Fig. 63). Sein „wannenartiger Diphros"[2]) beraubt den Fahrenden jeder sicheren Stütze an den Seiten während der schnellen Fahrt, macht das sonst durchweg herrschende naturgemäße Auf- und Absteigen an der Rückseite unmöglich und dafür ein unbequemes und widersinniges Hineinklettern an den Seiten notwendig. Die wahrscheinlich spätantike ganz roh (in Thon?) ausgeführte Biga auf einem Deckel, der zu einem Vogelwagen des Typus Museo Borbonico XV tav. XLIX gehört haben muß[3]) und den Oberkörper des stehenden Lenkers von einem niedrigen runden Wulst umgeben zeigt, kann hier nicht in Betracht kommen. Nur an Sitzwagen kommt die Wannenform des Kastens vereinzelt vor[4]).

Deichsel und Bespannung sind auf dem Goldring nicht angegeben.

Denselben Typus zeigen endlich, wenn auch in ihrem heutigen Zustande nur unvollkommen

Die mykenischen Grabstelen.

Athen, Nationalmuseum.

3. REICHEL im Eranos Vindobonensis 1893 S. 26 Fig. 1; derselbe, Homer. Waffen² 12, 16, danach PERROT VI 764, 359 und SPRINGER-MICHAELIS, Handbuch I⁸ 99, 207. Andere Zeichnung PERROT VI 770, 364, wohl umgezeichnet nach SCHLIEMANN, Mykenae 58, 24, wonach SCHUCHHARDT, Schliemanns Ausgrabungen² 205, 154.

4. REICHEL im Eranos Vindob. S. 27 Fig. 2, danach PERROT VI 767, 362. SCHLIEMANN a. a. O. S. 97, 141, danach SCHUCHHARDT² 202, 152. HELBIG, Homer. Epos² 137, 31.

---

[1]) Berliner philologische Wochenschrift 1902, 454.

[2]) Ähnliches scheint HELBIG, Hom. Epos² 138 mit den Worten „die Brüstung ist ... hinten und vorne etwas höher, als auf den beiden Seiten" ausdrücken zu wollen.

[3]) UNDSET, Zeitschrift für Ethnologie XXII 1890 S. 55 Fig. 5, im Museum von St. Germain-en Laye No. 8547, aus Sammlung Oppermann.

[4]) Terrakottagruppe aus Athen im Archäol. Museum in Breslau, O. ROSSBACH, Griechische Antiken in Breslau 1889 Taf. I, 4 S. 27ff. Terrakottagruppe in München, Sammlung Arndt. Im Wagen sitzt ein Paar auf Stühlen. Die Kenntnis des Stückes verdanke ich Herrn Prof. STUDNICZKA, eine Photographie der Liebenswürdigkeit Dr. P. ARNDTS. Beide Wagen haben das charakteristische Bauernrad, das von ROSSBACH a. a. O. S. 29 Anm. 1 verkannt worden ist. Vgl. darüber LORIMER, Journal of hell. studies XXIII 1903, 145ff.

5. SCHLIEMANN, Mykenae 91, 140, danach SCHUCHHARDT² 203, 153, TSUNTAS and MANATT, The Mycenaean age pl. XI S. 92 und WINTER, Kunstgeschichte in Bildern I 8, 5. COLLIGNON, Histoire de la sculpture grecque, I 34, 16. Das Bildfeld allein: REICHEL a. a. O. S. 28 Fig. 3, wonach PERROT VI 766, 361.

Nach Material, Technik, Ornament und Art der Zeichnung trennt REICHEL in seinem zu *3—5* angeführten Eranos-Aufsatz mit Recht die Stele *3* von den übrigen ab: sie allein stammt aus der Zeit der Schachtgräber (rund 1700—1400 v. Chr.)¹), während *4* und *5* zu den erst nach Aufschüttung des Gräberrundes errichteten Ersatzstücken für die unbrauchbar gewordenen früheren gehören. Sie werden frühestens dem Löwentor gleichzeitig, eher noch viel später sein²). Bestätigt wird REICHELs Chronologie durch das von BURROWS beobachtete alleinige Vorkommen der späten Schwertform mit blattförmiger Klinge auf Stele *5*³). Alle drei Stelen stellen den Toten als Sieger über seine Feinde dar. Den Augenblick des Zusammenstoßes sieht man auf *4*: der Gegner wird von der mächtigen Lanze des Wagenfahrers durchbohrt, wie REICHEL nach Analogie eines anderen Stelenfragmentes annimmt. Auf *5* scheint der Feind vor dem hereineilenden Gespann die Flucht zu ergreifen, während er auf *3* überwältigt oder vom Gespann überrannt, unter seinem mykenischen Schild am Boden liegt. Der unterhalb dieser Darstellung ein nicht mit Sicherheit erkennbares Tier (für eine Antilope erscheint der Schwanz zu lang) jagende Löwe scheint, obwohl mit in die Composition gezogen, als ein Bild für sich gemeint zu sein (SCHUCHHARDT S. 205).

Auf allen drei Stelen erscheint der Wagenkasten über das Rad gehoben (vielleicht im Sinne von *2*). Für seine Beurteilung kann nur die originale Composition auf *3* maßgebend sein. Der schlechte Erhaltungszustand läßt nur den leicht vorgewölbten Mittel-

---

¹) Zur Chronologie R. M. BURROWS, The discoveries in Crete, London 1907 S. 85. Vgl. FURTWÄNGLER, Gemmen III S. 26. HUBERT SCHMIDT, Zeitschrift für Ethnologie XXXVI 1904 S. 612 f.

²) Umgekehrt urteilt PERROT VI 771 f.

³) BURROWS a. a. o. S. 183. Vgl. die der zweiten spätminoischen Periode angehörenden thönernen Schrifttäfelchen aus Knosos Annual of the Brit. School VIII 1901/02 S. 94, 54 und die Funde der Übergangszeit zur geometrischen Kunst aus Mulianá Ἐφημ. ἀρχ. 1904, 29 Fig. 7. (XANTHUDIDIS).

ständer, wie auf *1*¹) und einen Rest des von seiner Spitze ausgehenden geschwungenen Bügels erkennen, zu dem vielleicht auch der dem Gesäß des Fahrenden parallel gehende Strich gehört. Damit wird die Zugehörigkeit zum besprochenen Typus von *1* wahrscheinlich.

Ganz anders sehen die Wagen auf den späten Stücken *4* und *5* aus. Es sind niedrige, im ganzen scharf rechteckig umrahmte Kästen, die an den altorientalischen Kastenwagen erinnern, wie er am ähnlichsten auf den Siegelcylindern N. 21, 22 erscheint und später in der Serie nordsyrischer Reliefs St. 4—6 wiederkehrt, zu denen noch eine aus Kleinasien oder Syrien stammende Gemme geometrischer Zeit zu vergleichen ist²). Es ist aber sehr wahrscheinlich, daß diese späten Stelen nichts als unverstandene Imitationen ihrer Vorbilder sind. Man wird hier also mit der Annahme eines eigenen Typus vorsichtig sein müssen, zumal heute nur noch der rohe Kern übrig ist, auf dem einst der bemalte Stucküberzug saß³).

Der auf *4* zwischem dem Wagenkasten und der Umrahmung des Bildfeldes sichtbare unklare Gegenstand hat bis jetzt keine genügende Erklärung gefunden. Die durch irreführende Photographien veranlaßte Annahme⁴), es sei ein Teil des Wagenkastens damit gemeint, hat REICHEL beseitigt. Zwischen beiden liegt ein deutlicher Zwischenraum. Aber es ist auch kein Füllornament, wie er meint; dagegen spricht das gänzliche Fehlen in Relief ausgeführter raumfüllender Muster auf dieser Stele. Nicht besser sind die übrigen Vorschläge: HELBIG, der neuerdings REICHEL beistimmt⁵), sah darin „einen Köcher, ein breites Messer oder einen ähnlichen Gegenstand", der eigentlich hätte am Wagenstuhl angebracht sein sollen, PERROT⁶) — ein Schwert, das der Steinmetz an der Hüfte des Fahrenden nicht habe anzudeuten verstanden. Der Verfertiger von *5* hat das ohne weiteres gekonnt. Vielleicht ist der Gegenstand, dessen oberer Umriß, wie mir Dr. WALTER

---

¹) Vgl. auch das Fragment des Silberbechers mit der Stadtbelagerung REICHEL S. 13 Fig. 17c.
²) FURTWÄNGLER, Gemmen I Taf. 6, 24 vgl. III S. 61.
³) REICHEL, Eranos S. 31.
⁴) FURTWÄNGLER und LÖSCHCKE, Mykenische Vasen, Text S. 27.
⁵) In der unten S. 10 Anm. 1 citierten Abhandlung S. 272 Anm. 1.
⁶) PERROT VI 767.

MÜLLER mitteilt, jetzt in flachem einheitlichen Bogen verläuft, das Trittbrett des Wagens. Die Trennung vom Wagenkasten wäre kein Gegengrund: der Kasten selbst ist ja auch vom Rade losgetrennt. Eine zwingende Analogie ist mir unbekannt, doch scheint, wenn ich die von NUOFFER S. 12 erwähnte Zeichnung des ägyptischen Wagens in Florenz recht verstehe, dort ein ähnlicher Schnitt des Trittbrettes vorzuliegen.

Über die Ausstattung des Wagenkastens im Einzelnen verraten die Reliefs in ihrem heutigen Zustande nichts mehr. Man sieht nur eine ziemlich breite Randleiste, die den Kasten rings umsäumt. Daß der Rahmen nicht offen, sondern verdeckt war, scheint auf *3* und *5* das Verschwinden der Beine hinter ihm zu lehren. Auf *4* ist der Fahrende in ganzer Figur auf den oberen Brüstungsrand gestellt, wozu schon REICHEL geometrische Vasenbilder verglich (Eranos S. 31; vgl. unten S. 62). Abzulehnen ist eine Vermutung HELBIGS[1]), der in einem Thonwägelchen aus einer tomba a pozzo in Capodimonte[2]), jetzt im Museo Archeologico in Florenz, das plastische Abbild des auf *4* dargestellten Wagentypus sehen wollte. Er denkt sich beide Wagen als Plattform ohne jede Brüstung. Aber abgesehen davon, daß, wie er S. 273 selbst zugesteht, aus der Stellung des Lenkers auf dem Wagenrande die gesuchte Form durchaus nicht gefolgert zu werden braucht (ein geometrisches Beispiel hat er bereits Hom. Epos[2] S. 139 in diesem Punkte richtig interpretiert), sprechen an dem italischen Modell schon die zur Aufnahme der Achse bestimmten „Backenstücke" (Achsenlager), die an Rennwagen nicht vorkommen[3]), entschieden für einen Sitzwagen. Als Analogie sei auf ein nicht minder primitives Wägelchen aus Tanagra[4]) verwiesen, welches diese Einzelheit trotz der größten Vereinfachung ebenfalls zeigt.

---

[1]) HELBIG, Sur les attributs des Saliens (Mém. de l'acad. des inscriptions et belles lettres 1906 Bd. 37, 2) S. 270ff., gebilligt in der Recension von W. LIEBENAM, Berliner philol. Wochenschrift 1908 S. 500.

[2]) Notizie degli scavi 1894, 126 Fig. 3. MONTELIUS, La civilisation primitive en Italie, Série B. pl. 257, 16. HELBIG, a. a. O. Fig. 33. Eine Skizze besorgte freundlichst cand. phil. HANS NACHOD.

[3]) Vgl. Journal of hell. studies XXIII 1903, 136 (LORIMER) und das unten S. 46 zu *51* Bemerkte.

[4]) British Museum, Catalogue of Terracottas B 73. Mir liegt dank der Leitung des Museums eine Skizze vor.

Wagen ohne Brüstung, auf denen Erwachsene stehend fahren, sind mir überhaupt nicht bekannt und offenbar sehr unwahrscheinlich[1]). Denn auch mit der Darstellung auf der spätgeometrisch-kretischen Hydria aus Kavusi (unten 70) wird keine Plattform, sondern ein Kastenwagen gemeint sein, wie das am unteren Ende der senkrechten hinteren Wagenkante angebrachte Trittbrett beweist. Seine Form erinnert an die späten Stelen *4* und *5* in ihrem heutigen nicht maßgebenden Zustande, denen die Hydria auch durch die Zeichnung des galoppierenden Tieres mit nur je einem Vorder- und Hinterbein nahesteht.

Die Angabe der Deichsel wird auf den Stelen der Farbe überlassen geblieben sein. Auf *3* sind die zwei unter dem schraubenförmig gewundenen Schwanzende des Pferdes sichtbaren Parallelen, die REICHEL S. 123 für Reste der Deichsel zu halten scheint, nach Mitteilung Dr. WALTER MÜLLERS nichts als Unebenheiten der Kalksteinoberfläche.

B. Syrisch-ägyptischer Typus mit Längsverbindung.

Der syrisch-ägyptische Wagentypus erscheint, um die aus dem Osten übernommene Längsverbindung zwischen Deichselende und Wagenrand bereichert, auf folgenden

Gemmen.

6. Karneol von Knosos, Brit. Mus. Catalogue of engraved gems No. 79 pl. A; FURTWÄNGLER, Gemmen I Taf. 2, 9; IMHOOF-BLUMER und KELLER, Tier- und Pflanzenbilder auf Münzen und Gemmen Taf. 17, 2 S. 106; REICHEL, Homer. Waffen[2] 139, 87; PERROT VI 845, 428, 2; MURRAY, Handbook of Greek Archaeology S. 42 fig. 30.

7. „Mykenischer Stein." Herkunft mir unbekannt. HELBING, Auktionskatalog der Sammlung Karl Hartmann, München 1905 No. 465 (auf der zugehörigen Tafel unten rechts abgebildet).

---

[1]) Kinderwägelchen dieser Form, für ein Zugtier eingerichtet, kommen allerdings vor. Eine Terrakottagruppe in der Ermitage (Kertschsaal, Schrank 49 Nr. 900v, angeblich aus Olbia) zeigt einen Eros, von einer Ziege gezogen. Ein ähnliches Bocksgespann aus Kleinasien, von einem Knaben gelenkt, im Dresdener Albertinum (Saal des Praxiteles, Schrank O) und eines aus Tanagra in Leipzig, Archäol. Institut (07, 26). Vgl. auch WINTER, Typen der figürlichen Terrakotten II 304, 6.

8. Sard aus Vaphio, Ἐφημ. ἀρχ. 1889 Taf. 10, 30 S. 167 (TSUNTAS).

Alle drei zeichnen den Wagenkasten über das vierspeichige Rad emporgehoben und geben mit Ausnahme von *6* auch die Bodenlinie an. Auf *8* ist das starke Vorschieben des Rades, das in Wirklichkeit notwendig ein Überlasten des Wagens nach hinten zur Folge hätte, nur durch Raumzwang verursacht.

Der Kasten ist der von den ägyptischen Darstellungen althethitischer Wagen her bekannte. Auf *8* sind, wie der Gipsabdruck lehrt, nur Wagenboden und Mittelstütze ausgeführt. Der auf dem Mittelständer ruhende Bügel ist ohne die in Ägypten und Syrien gewöhnliche Einziehung an seinem unteren Ende in gleichmäßig abfallender Kurve bis zum hinteren Ende des Wagenbodens geführt. Darin kommen den Gemmen nur die etwa gleichzeitigen ältesten ägyptischen Beispiele aus dem Beginn des Neuen Reiches (N. 1, 4 Taf. 1) und der Hethiterwagen N. 18 (Taf. 4) der Reliefs von Abu-Simbel nahe, letzterer auch darin, daß die Brüstung verkleidet ist (vgl. auch St. 11a). Ob *8* als vollgültiges Zeugnis für ein offenes Wagengerüst angesehen werden darf, läßt die schlechte Ausführung des Steines fraglich.

Die Deichsel ist auf *7* und *8* in der von *1* her bekannten Weise gezeichnet (oben S. 3). Auf *6* ist sie weggelassen, wie auf *2*. Die parallelen Streifen (*7*, *8*) und im Zickzack geführten Doppellinien (*6*), welche auf *6* und *7* unter der Längsverbindung, auf *8* versehentlich unter der Deichsel sichtbar sind, könnten herabhängende Bänder oder dreieckige Wimpel bedeuten, doch ist, wie schon von *1* zu bemerken war, (besonders auf *6*) der Gedanke an eine Verschnürung von Deichsel und Verbindung nicht ausgeschlossen. Den auf *6* die Mähne des Zugtieres überschneidenden obersten Streifen deutet REICHEL (S. 139) wohl mit Recht als Jocharm. Auf *7* ist das Jochkissen, von gleicher Form wie auf *1*, über den Verbindungsstrang geraten.

Mykenische Thonmodelle.

Daß den Gemmenbildern hier mit Recht ein den ältesten ägyptischen Wagen ähnlicher Typus entnommen worden ist, bestätigt eine kleine Gruppe rundplastischer, im 3. Vasenstil bemalter Thongebilde von primitivster Technik. Sie stellen Gespanne mit Wagen und Lenker dar[1]). Die in Athen befindlichen Stücke sind schon von Prof. WOLTERS, Jahrb. d. I. XIV 1899, 122 Anm. 17 zusammengestellt; ihm werden auch Photographien, Dr. KURT F. MÜLLER Skizzen und Aufschlüsse über fragliche Einzelheiten verdankt.

Folgende Exemplare sind mir bekannt geworden:

9. Aus Mykenae, Athen, Nationalmuseum, Mykenische Sammlung No. 2262. WINTER, Typen der figürlichen Terrakotten I S. 2, 6. Ἐφημ. ἀρχ. 1888, 170. (TSUNTAS). Hier Taf. 1 nach Institutsphotographie N. M. 337 abgebildet.

10. 11. Aus Nauplia, Athen, Mykenische Sammlung No. 3492 und 3493; eines erwähnt Πρακτικά 1892 S. 53.

12. Aus Vari in Attika, Athen, Antiquarium des Nationalmuseums No. 10139, wohl identisch mit WINTER, Typen I S. 2, 6b.

13. Aus Ialysos, British Museum, WALTERS, Catalogue of Terracottas B 2, Fig. 11. FURTWÄNGLER und LOSCHCKE, Mykenische Vasen Taf. XI 68 S. 9. WINTER, Typen S. 2, 6c. Vgl. Zeitschrift für Ethnologie XXII 1890, 70 (UNDSET).

14. Aus Enkomi, British Museum, WALTERS, Catalogue A 22. Photographie und Skizze besorgte freundlichst Dr. H. KOCH. In der Beschreibung ist die vom Wagenkasten schräg nach den Pferden herabgehende „Stange" und das Joch mit seinen aufgebogenen Enden verkannt.

15. Aus Cypern, Rom, Museo preistorico, Zimmer XLIII Schrank 5, nach freundlicher Mitteilung von Dr. WALTER MÜLLER. Eine Skizze verdanke ich HANS NACHOD.

Bei der Gleichartigkeit der Darstellungsweise und der geringen Zuverlässigkeit dieser Terrakotten im Einzelnen, genügt die nähere Beschreibung des relativ besten Exemplars *9* (Taf. 1) und Hinweise auf Besonderheiten der übrigen Stücke.

Auf dem Hinterteil der beiden Pferde sitzt der räderlose Wagenkasten. Sein vorne gerundeter Boden trägt eine allseitig geschlossene Brüstung, die hinten gleichmäßig gekrümmt, sich nach Art syrisch-ägyptischer Typen (z. B. N. Taf. 3, 12, 14, Taf. 4, 17) unten einzieht. Auf *13* ist dieser Umriß bis zu convex-concavem Schwunge gesteigert. Von der linken Hälfte der Vorderbrüstung laufen zwei dicke runde Stangen nach den Pferden hin,

---

[1]) Vgl. FURTWÄNGLER, Sammlung Saburoff II, Einleitung S. 11.

wo sie die Mitte des Joches trafen, dessen linkes Ende allein antik ist. Sie werden wohl, obgleich sie nicht bis zu den Mäulern der Pferde weiter geführt sind, Zügel bedeuten, da ihre Befestigung an der linken Hälfte der Brüstung doch wohl die dort angedeutete Figur als Lenker kennzeichnen soll. Gerade in Syrien (N. Taf. 4; St. 6, 7, 11 (?) vgl. 11a) und Ägypten (N. 5, Taf. 3, 12) ist die im griechischen Mutterlande nicht eben häufige Stellung des Lenkers links im Wagen[1]) mehrfach bezeugt. Dagegen haben *10* bis *15* nur eine Stange in der Mitte, die an *10*, *14* und *15* bis zum Joche läuft. An *12* setzt sie am Wagenkasten nicht ab, son-

---

[1]) Z. B. geometrische Terrakotten unten *50, 52*. Françoisvase, Gespanne des Zeus und der Athena, FURTWÄNGLER und REICHHOLD, Griechische Vasenmalerei Taf. 1/2. Garnwickler in Athen Ἐφημ. ἀρχ. 1885 Taf. 5, 1. Rf. Pyxis in Berlin, Jahrbuch d. I. 1895 Anz. S. 39 No. 40. Sf. Schale aus Siana im Brit. Mus. B. 381. Eine Photographie verdanke ich Herrn Dr. ZAHN. (Zur Gattung vgl. FURTWÄNGLER bei ROSCHER, Mythol. Lexikon I S. 1709, 58 [attisch], ZAHN, Berl. philol. Wochenschrift 1902, 1260 [nach Attika verpflanzte Inselkunst]). Relativ häufiger im Osten und auf der Inselwelt: Thonrelief aus der Sammlung Luynes im Cabinet des Médailles, Gazette archéol. VIII 1883 Taf. 49 (BABELON, Le Cabinet des Antiques à la Bibliothèque Nationale Taf. 4, SCHREIBER, Kulturhistor. Bilderatlas Taf. 34, 3). Friesplatte aus Xanthos, im Brit. Mus., BRUNN-BRUCKMANN, Denkmäler Taf. 102. Heroon von Gjölbaschi, BENNDORF-NIEMANN, Das Heroon von Gjölbaschi-Trysa Taf. X A 3, XXII A 9. Lykische Sarkophage: Brit. Mus., A. H. SMITH, Catal. of sculpture II Taf. VI (?), XIII; Wien, BENNDORF, Heroon, Text Taf. 1. Alexandermosaik, NUOFFER 47 S. 61. Melische Vase Ἐφημ. ἀρχ. 1894 Taf. 13. Kretische Larnax unten *18* S. 27. Mehrfach auf unteritalischen Vasenbildern, wobei Darstellungsrücksichten im Spiele sein können. Doch ist auf Vorderansichten die Stellung des Lenkers rechts im Wagen consequent durchgeführt: Bronzerelief Olympia IV Taf. 39, 706 S. 104, korinthische Kanne im Louvre, POTTIER I Taf. 51 E 648. Sf. Amphora des Nikosthenes Wiener Vorlegeblätter 1890/91 Taf. IV 5, des Andokides Burlington Club Catalogue 1888 No. 108. Sf. Amphoren Berlin, FURTWÄNGLER 1858 (B), Cambridge, Fitzwilliam-Museum, GARDNER Catal. No. 53 Taf. XV, Petersburg, STEPHANI No. 39, 93, Rom, Museo Gregoriano (Ausgabe A) II Taf. XL 1a, Würzburg, URLICHS, Verzeichnis Heft III No. 97 (eigene Skizze), SAMBON, Coll. Canessa Taf. III No. 52. Krater in Wien, Österr. Mus. MASNER Taf. IV No. 237. Ebenso auf den spätschwarzfigurigen Schrägansichten, ohne Rücksicht auf die Fahrtrichtung z. B. GERHARD Auserl. Vasenbilder. Taf. 91, 101, 193 (Petersburg, STEPHANI 131). Amphoren in Berlin, FURTWÄNGLER, 1719; Boston, Fine Arts Mus., Annual Report 1901 p. 35 (KLEIN, Lieblingsinschriften² S. 35 Hippon I No. 1, Photo BALDWIN COOLIDGE No. 9662); Petersburg, Ermitage, STEPHANI No. 152, 258, Atschot der Kais. Archäol. Komm. für 1899, 27 fig. 38 (aus Kertsch); Rom, Museo Gregoriano (Ausg. A) II Taf. L 1a, LV 1a. Hydrien in Berlin 1896, Petersburg, STEPHANI 337 (Schulterbild); Schale in Berlin 1800. Die einzige mir bekannte Ausnahme: Cambridge, Fitzwilliam Mus. GARDNER Catal. No. 52 Taf. 14.

dern wächst aus dem primitiv angedeuteten oberen Brüstungsrande heraus und endete, wie der Ansatz beweist, an der linken Seite des Pferdekopfes. Über ihre Bedeutung ließe sich streiten: für Deichsel und Joch spräche die Art der Befestigung an den Pferden von *9, 10, 14* und *15*, für die Zügel die an *12*, für den Verbindungsstrang schließlich ihr Ausgangspunkt am oberen Brüstungsrande. Zu seinen Gunsten auch die an Fähnchen erinnernden parallelen Senkrechten auf *10* anzuführen, hieße in den rein dekorativ-ornamentalen Firnisschmuck etwas hineinlesen, was er zu sagen nicht beabsichtigte. Die Stange wird also wohl Deichsel, Verbindungsstrang und Zügel zusammen bedeuten.

Die Zahl der Fahrenden wechselt. Drei soll der Kasten von *9* enthalten, kenntlich an den drei allein modellierten Köpfen, deren mittlerer jetzt abgebrochen ist. Ein Paar fährt auf *15* und *12*, hier in sehr primitiver Weise hintereinander in den Wagenkasten gezwängt. Den allein sichtbaren Kopf des Vorderen überragt die Gestalt des hinter ihm Stehenden, mit der, ähnlich wie an späteren cyprischen Thonmodellen[1]), der Wagen hinten verklebt ist. Je eine Person fährt auf *10* (nur Rest), *11* und *14*.

Das einzelne Pferd der Modelle *11, 12* wird kaum der Wirklichkeit entsprechen, sondern als extremer Fall des die ganze Denkmälergattung beherrschenden Strebens nach Vereinfachung aufzufassen sein. Mir wenigstens scheint ein solches Zeugnis gegen die sonst diese ganze Zeit beherrschende Sitte, zweispännig zu fahren, nicht aufzukommen. Vgl. N. S. 50 und St. S. 153.

C. Rechteckiger Grundriß, sonst wie B.
Schrifttäfelchen aus Knosos.

Dieselbe Kastenform, wie die Modelle, nur mit anderem, rechteckigen Grundriß, zeigt ein Typus, dessen Fortleben bis in spätmykenische Zeit durch ein besonders zahlreiches Material cyprisch-mykenischer Keramik (*19—33*) erwiesen ist. In Kreta erscheint er jedoch schon früher, in der zweiten spätminoischen Periode,

---

[1]) Wien, Hofmuseum, Archäol.-epigr. Mitteilungen I S. 107 No. 151 (jetzt No. 16; eigene Skizze). Ähnliche Gruppe aus Idalion im Brit. Mus. (a. a. O. citiert). Vgl. auch St. 15. Das dort aus Collection Gréau citierte Exemplar befindet sich jetzt in Collection de Clercq: DE RIDDER, Catalogue de la Collection de Clercq V No. 112 Taf. 21 S. 130 ff. Ebenda befindet sich das cyprische Wägelchen St. 13 (DE RIDDER No. 113).

auf den Malereien des Steinsarkophags von Hagia Triada (*18*) und in anspruchsloser, aber vielleicht klarerer und exacterer Zeichnung auf den zur Klasse B der Linearschrift[1]) gehörenden thönernen Schrifttäfelchen, die einst in versiegelten Behältern aufbewahrt, Inventare des Knosischen Palastherrn bildeten.

Die beiden publizierten Beispiele gehören zu gesonderten Serien.

16. Annual of the British School at Athens VI 1899/1900 S. 58, 12 vgl. S. 29 f. und zur Chronologie S. 65 (EVANS). BAUMGARTEN, POLAND, WAGNER, Die hellenische Kultur[1] S. 39, 44, wonach hier Taf. *1*.

17. Annual X 1903/04 S. 58, 21a (EVANS). Über weitere Thontafelfunde aus demselben Depot berichtet EVANS im Annual XI 1904/05 S. 1 f.

Der Herkunft aus zwei verschiedenen Serien gemäß ist auch die Darstellung verschieden: auf *16* vollständiger Wagen mit Pferdebüste davor, auf *17* Wagenkasten ohne Räder, aber mit Deichsel und Joch, welche auf anderen Exemplaren dieser Serie ebenfalls fortgelassen sind. Eine dritte Serie zeichnet nur Räder, bis zu 478 Stück auf einem Täfelchen (EVANS zu *17*). Hier liegt also wohl die älteste Spur des aus Homer geläufigen Brauches, den Wagen zur Aufbewahrung in seine einzelnen Teile zu zerlegen, vor.

Der Wagenkasten, über das vierspeichige Rad (*16*) erhoben, ist folgendermaßen gezeichnet: An ein hochgestelltes Rechteck (*16*), das auf *17* wohl nur versehentlich trapezförmig geraten ist, schließt sich hinten ein Halbkreis (*17*) oder ein Halboval (*16*). Bei der großen Ähnlichkeit dieser Rundformen mit der Seitenansicht des von den Thonmodellen *9—15* her bekannten Wagentypus wird man schwerlich geneigt sein, das Ganze als zweiteilige Seitenbrüstung aufzufassen. Vielmehr wird das Rechteck als vorgeklappte Vorderbrüstung zu verstehen und somit das gewaltsame perspektivische Verfahren anzuerkennen sein, das sich ähnlich auf dem bekannten Wandbild aus Knosos mit der um einen Bau versammelten Menschenmenge findet[2]). Ich meine den unter dem

---

[1]) Vgl. EVANS, Annual IX S. 53.

[2]) Journal of hell. stud. XXI 1901 Taf. V S. 192 ff. (EVANS). Österr. Jahreshefte X 1907 S. 64 Fig. 20 (DURM).

Bauwerk doch wohl um 90° aufgeklappt gezeichneten Hof, nicht die Auffassung der Dreizellenfront des Gebäudes als Darstellung eines einzigen Raumes mit in der Zeichnung vorgeklappten Seitenwänden. Das käme allerdings vorliegendem Falle näher, wenn das von NOACK, Homerische Paläste S. 80 Fig. 13 gezeichnete Schema nicht von ihm selbst mit Recht verworfen würde, worin ihm BULLE Orchomenos I (Abh. der k. Bayer. Akad. d. Wiss. I. Kl. XXIV. Bd. II. Abt.) S. 75 folgt. Ähnlich aber dreht der Maler von *18* auf der einen Langseite des Sarges von Hagia Triada (Monum. dei Lincei XIX Taf. I) die Henkel der am Tragholze hängenden Gefäße in die Bildfläche.

Zu unserer Auffassung paßt auch das Kreuz der Diagonalen auf *16*, in dem man die schematische Wiedergabe (vgl. N. 22, S. 32) des Köcherpaares sehen könnte, wie es für die assyrischen Wagen des neunten Jahrhunderts wahrscheinlich gemacht und in Baktrien durch ein Goldmodell etwa des vierten Jahrhunderts bestätigt ist (N. S. 37 u. 69; vgl. St. S. 156). Doch läßt die abweichende syrisch-ägyptische Sitte, den einzelnen Köcher oder das gekreuzte Köcherpaar an der Seitenbrüstung anzubringen (z. B. N. Taf. 1, 4; Taf. 3, 12, 14), auch der Vermutung Raum, die Diagonalen gehörten zum Wagengerüst selbst[1]), wie sicher die horizontale Mittellinie auf der Seitenbrüstung (*16*, vgl. unten *26*, *24*, *25*). An die unter dem Wagenkasten hervorkommende Deichsel der oben S. 3 besprochenen Form schließt sich das in Aufsicht gezeichnete, für zwei Zugtiere eingerichtete Joch. Seine Form, ähnlich dem kretischen Bogen, ist im Osten zu Hause. Neben dem etwa gleichzeitigen Retenuwagen N. Taf. 3, 14 S. 26, St. 1 und dem in diesem Punkte fortgeschritteneren ägyptischen in Florenz N. Taf. 1, 1, St. S. 147 bieten gute Parallelen der oben S. 6 erwähnte Wagen des Juje und besonders der altassyrische N. 28 Taf. 5 S. 40, der auch eine Verbindung der Jochbogenenden mit der Deichsel zeigt, wie sie für die Thontäfelchen eine Andeutung in einfachen Linien erschließen läßt.

An der Längsverbindung hängt (sicher nur auf *16*, doch wohl auch auf *17*)[2]) ein Wimpel.

---

[1]) Eine Verstärkung durch kreuzweise angebrachte Leisten haben alle drei Seiten des Bronzewägelchens Collection de Clercq III Taf. 32, 209 S. 134 f. vgl. S. 129 f. (DE RIDDER).

[2]) Vgl. die cyprisch-mykenische Scherbe MURRAY, Excavations in Cyprus S. 39 Fig. 67, 836.

18. Sarkophag von Hagia Triada.
Monumenti dei Lincei XIX 1908, 5 ff. Taf. I—III (PARIBENI).
Mir lag durch die seltene Gefälligkeit Prof. HALBHERRS schon vor der Publikation die ein Aquarell E. STEFANIS wiedergebende Farbentafel vor, die jetzt als Taf. III zum obenerwähnten Aufsatz erschienen ist. Damals ist auch bereits das auf den Sarkophag Bezügliche niedergeschrieben worden, wobei sich, wie ich sehe, manche Übereinstimmung mit PARIBENIS Beobachtungen ergeben haben. Seinen Aufsatz citiere ich im folgenden nur mit Verfassernamen und Seitenzahl. Soeben erscheint im Archiv für Religionswissenschaft Bd. XII 1909 Heft 2/3 S. 161 ff. eine Besprechung der Publikation durch v. DUHN mit verkleinerten Abbildungen aus den Monum. dei Lincei; die Schmalseiten auf Taf. IV, Beschreibung S. 181 ff.

Frühere Beschreibungen des Sarkophags: PARIBENI in den Rendiconti dei Lincei XII 1903, 343 ff., im wesentlichen danach v. DUHN, Archiv f. Religionswissenschaft VII 1904, 264 ff. Vgl. KARO, ebenda 130 und Berliner philol. Wochenschrift 1903, 1311. BURROWS, The discoveries in Crete S. 31 f. LAGRANGE, La Crète ancienne, S. 60 ff. mit Abbildungen, deren Stillosigkeit man schon durch den Vergleich mit den zwei bei A. Mosso (The Cretan Palaces and their builders Fig. 156, 157, S. 318 f.; der Leierspieler auch bei A. DELLA SETA, La genesi dello scorcio, tav. 1/2, 6) nach STEFANIS Zeichnungen wiedergegebenen Figuren ermessen konnte.

Hier kommen nur die beiden Schmalseiten des Sarkophags in Betracht (PARIBENI Taf. III u. S. 55 ff.).

A (auf der Tafel links). Zwei Frauen (helle Fleischfarbe) auf einem Wagen, der anscheinend von einem Maultierpaar gezogen wird. Zu Pferden (so alle Beschreibungen) passen die kurzen unbehaarten aufgebogenen Schwänzchen schlecht. Dem von PARIBENI S. 56 f. verglichenen Pferde auf dem knosischen Siegel Brit. School Annual XI, 13 Fig. 7 fehlt leider gerade der Schwanz, ist aber mit Recht anders ergänzt, als er hier vorliegt. Auch die Proportionen sind verschieden. Möglich, daß der Maler des Sarkophags, dem es an Genauigkeit öfters mangelt (PARIBENI S. 12, 38, vgl. unten S. 23), die Form der Schwänze den Greifen der anderen Schmalseite entlehnt hat. Wagenkasten und Rad sind in den Farben stark verblaßt.

B (auf der Tafel rechts). Zweigespann von Flügelgreifen. Auf dem Wagen (Detailzeichnung bei PARIBENI S. 67 Fig. 20) zwei Personen. LAGRANGE S. 66 f. bezieht dieses Bild ohne nähere Begründung auf den Toten. Auch für PARIBENI (S. 60 f.) ist die eine Gestalt im Wagen, die sich durch ihren erdfarbenen (terreo) Teint, ihr enganschließendes, die Arme verhüllendes Gewand und die mit einer Feder gekrönte Kopfbedeckung von den übrigen unterscheidet, der Tote, aber nicht in der Form, wie er auf einer der Langseiten vor seinem Grabbau steht, sondern als ein etwa dem ägyptischen Ka entsprechendes Wesen (S. 81 f.). Die Stichhaltigkeit dieser Deutung zu prüfen ist hier nicht der Ort, doch scheint es mir nach der Abbildung, als wiederhole sich dieselbe „Erdfarbe" am Unterkiefer, Halse und linken Unterarm der Begleiterin des vermeintlichen Toten.

Der Sarkophag wird von BURROWS (S. 84) mit Unrecht in die erste spätminoische Periode gesetzt. Außer den Fundtatsachen verweist ihn schon seine Form — Larnax für Hockerbestattung — in die darauffolgende, an deren Ende sie besonders häufig auftritt (BURROWS S. 167 f.). Dazu stimmt auch der ornamentale Schmuck: der Rosettenfries zwischen quergestrichelten Bändern kehrt, selbst in den Farben übereinstimmend, in der Wandmalerei der Paläste wieder, z. B. in Tiryns: SCHLIEMANN, Tiryns Taf. V S. 340 f. (PERROT VI 535, 209), Taf. IX, b. S. 344 (PERROT VI 540, 216) vgl. den S. 349 beschriebenen ganz gleichartigen Sockel des Frauenmegaron. In Knosos: Österr. Jahreshefte X 1907, 66 Fig. 21. Vgl. Annual X 1903/04 Taf. II S. 43 (EVANS). Ähnlich in Orchomenos: BULLE, Orchomenos I Taf. XXIX, 1 S. 81 f. Auch zum Spiralband ebenda Taf. XXIX, 2 S. 82 bietet die Larnax von Hagia Triada eine Parallele. Zu gleicher später Datierung, an die Wende der zweiten und dritten spätminoischen Periode, führen PARIBENI S. 71 ff. sachliche und historische Gründe.

Der Wagen auf einer ähnlichen Larnax aus einem Kammergrabe von Zafer Papura (EVANS, The Prehistoric Tombs of Knossos S. 30 Fig. 26a) ist zu schlecht erhalten, um für die Untersuchung in Frage zu kommen. Zu unsicher ist auch das von BULLE, Orchomenos I Taf. XXVIII, 17 abgebildete, S. 81 als Rest einer Wagendarstellung gedeutete Bruchstück eines Wandgemäldes. Außer den beiden Querleisten oben ist auch die um die Nabe greifende Volute unverständlich.

18a. Ring aus Kreta. Gefunden „εἰς χωρίον Ἀβδοῦ Πεδιάδος κατὰ τὴν θέσιν Σπηλιαρίδια." Aufbewahrungsort mir unbekannt. Ob identisch mit dem von HOGARTH im Annual VI 1899/1900 S. 108 erwähnten, im Besitz von EVANS befindlichen Stück? Da die Publication nach einem Wachsabdruck Ἐφημ. ἀρχ. 1907 Taf. 8 No. 166 S. 184 f. (XANTHUDIDIS) nicht über alle in Frage kommenden Einzelheiten genügende Auskunft gibt, muß ich von der Verwertung dieses, wie es scheint, wichtigen Stückes vorerst absehen.

Dem Sarkophag *18* durchaus stilverwandt, aber von unerfreulich saiopper Zeichnung sind

Die cyprisch-mykenischen Vasenbilder.

Folgende Liste gibt nur eine Auswahl aus dem weit reichhaltigeren Material.

19. Aus Enkomi, Brit. Museum. Hier zum ersten Mal nach einer Photographie, die ich der Leitung des Brit. Mus. verdanke, auf Taf. 1 abgebildet.

20. Aus Agia Paraskevi, New-York, Cesnola Collection of Cypriote Antiquities II Taf. 100/101. Die eine Seite Taf. 101 auch bei FURTWÄNGLER und LÖSCHCKE, Mykenische Vasen, Text S. 29 Fig. 17. PERROT III 714, 525 (bei beiden im Gegensinne). CESNOLA-STERN, Cypern Taf. 42, 3 vgl. S. 216.

21. Aus einem Grabe bei Amathus, New-York, Cesnola Collection II Taf. 102/103 (Taf. 103 auch bei CESNOLA-STERN, Cypern Taf. 50, 1).

22. Aus der Nähe von Larnaka, Louvre. Inv. AM. 625. Bulletin de corr. hell. XXXI 1907, 231. Fig. 8 und 9 (POTTIER).

23. Aus Enkomi, Brit. Museum. MURRAY, SMITH, WALTERS, Excavations in Cyprus S. 37 Fig. 65 No. 1076.

24. Desgleichen. Ebenda S. 39 Fig. 67 No. 838.

25. Aus Curium. Ebenda S. 73 Fig. 126. Von der nicht publizierten Seite liegt mir eine Photographie vor.

26. Aus Enkomi. Ebenda S. 49 Fig. 75 No. 1113.

27. Aus Cypern, Collection de Clercq. DE RIDDER, Catalogue de la Coll. de Clercq V No. 516 Taf. 32. Aus Collection Albert Barre (FRÖHNER, La coll. de M. Albert B. Paris 1878 Taf. 4). FURTWÄNGLER und LÖSCHCKE, Mykenische Vasen, Text S. 28 Fig. 16. PERROT III 715, 526. BRUNN, Griech. Kunstgeschichte I 129, 97.

28. Aus Enkomi, Brit. Museum. MURRAY, Excavations S. 39 Fig. 67 No. 832.
29. Desgleichen. Ebenda No. 833.
30. Desgleichen. Ebenda S. 45 Fig. 71 No. 927. Nach MURRAY hat das Flügeltier vor dem Wagen einen Hahnenkopf, was ich nicht recht einsehen kann. WEICKER, Der Seelenvogel S. 43 Anm. 4 denkt an einen Straußenkopf.
31. Desgleichen. Ebenda S. 49 Fig. 75 No. 981.
32. Aus Cypern, Aufbewahrungsort mir unbekannt. FURTWÄNGLER und LÖSCHCKE, Mykenische Vasen, Text S. 27 Fig. 14 und 15 (Fig. 15 auch bei DUMONT-CHAPLAIN, Les céramiques de la Grèce propre I S. 202, 43).
33. Scherben aus Milet, unpubliziert. Vgl. WIEGAND, Sechster vorläufiger Bericht über die von den Kgl. Museen in Milet und Didyma unternommenen Ausgrabungen (Anhang zu den Abh. der Kgl. Preuß. Akademie 1908) S. 7. Skizzen hat mir Dr. WALTER MÜLLER freundlichst zur Verfügung gestellt.

Von einem Gefäß sind auf zwei Scherben erhalten: Brust und Maul der Pferde (vier Zügel); oberer Teil des Rades mit einem Teil des Wagenkastens. Davor Rest des herabhängenden Wimpels. Von einem zweiten Gefäß stammt eine Scherbe, auf der nur ein Teil des Rades mit weißen Tupfen auf dem Radkranz erhalten ist, von einem dritten eine mit dem Hinterteil der Pferde.

Die spätmykenische Nekropole von Enkomi auf Cypern ist der Hauptfundort dieser nach Form und Dekorationsweise zu einer Gruppe gehörenden Gefäße dritten Stiles, die demnach ins letzte Viertel des zweiten vorchristlichen Jahrtausends zu setzen sind. MURRAYS zu späte Datierung der Nekropole um die Wende des IX. und VIII. Jahrhunderts[1] ist, soweit ich sehe, allgemein zurückgewiesen worden[2]. Außer Cypern haben bis jetzt noch Nauplia[3], Rhodos[4] und ganz neuerdings Milet (*33*) Proben dieser

---

[1] MURRAY, Excavations in Cyprus S. 8 f.
[2] FURTWÄNGLER, Gemmen III 437, 439 f. Sitzungsberichte der Bayr. Akad. 1899 II, 3 S. 415, 420. EVANS, Journ. of Anthropological Institute XXX (N. S. 3) 1900, 199 ff. SALOMON REINACH, Revue archéol. 3 sér. 36, 1900 I, 449. POTTIER, Bulletin de corr. hell. XXXI 1907, 237.
[3] FURTWÄNGLER und LÖSCHCKE, Mykenische Vasen Taf. 15, 97 S. 46.
[4] Krater in München, Vasensammlung No. 42. Hinweis und Skizze verdanke ich Herrn Prof. STUDNICZKA.

Ware geliefert¹), wonach die Annahme einer cyprischen Lokalfabrik²) nicht mehr so sicher zu sein scheint, als daß der Gedanke an eine Gefäßklasse, die für vorwiegenden Export nach dieser Insel bestimmt war³), unberechtigt erschiene.

Die Wagen dieser Reihe (*18—33*) haben in der Regel sehr hohe Räder mit breitem Radkranz, der meist einteilig erscheint. Nur auf dem Sarkophag (*18 B*) deutet der blaugemalte Außenreif einen Metallbeschlag an. Auch die Achse ist hier allein gegeben; sie steckt in einer weißen Nabe, die auf den Vasen nur selten gezeichnet ist (*25, 27, 30*). Rein dekorativ sind die weißen Tupfen, mit denen Nabe und Radkranz auf *30* und *33* bedeckt sind. Die in der Folgezeit für das Rad des mutterländischen Wagens charakteristische Einfügung der zugespitzten Speichenenden in die im Orient nicht nachweisbaren Speichenschuhe oder „Knaggen" tritt hier zum ersten Male auf (*18, 19, 22, 23, 27—29*). Am deutlichsten sieht man auf *22* diese annähernd dreieckigen Holzstücke, die beiderseits vom Speichenende in den Winkel zwischen Radkranz und Speiche eingefügt sind.

Der Wagenkasten wird nur noch bisweilen über den Radkranz emporgehoben (*22, 30, 32, 33* [?]), meist ist er von letzterem überschnitten. Gezeichnet sind, wie auf den Schrifttäfelchen (*16, 17*), stets zwei Teile, deren Verschiedenheit im einzelnen allerdings einer einheitlichen Interpretation nicht unerhebliche Schwierigkeiten bereitet. Den Wagen auf *19, 23, 28, 29* (rechts) möchte man mit dem der kretischen Thontäfelchen gleichsetzen: rechteckige, vorgeklappte Vorderbrüstung und halbrunde Seitenbrüstung, die der Maler auf *19, 23, 29,* um unter ihr Raum für die Angabe des Trittbrettes zu gewinnen, nicht bis zur Bodenlinie der Vorderbrüstung herabführt (vgl. *20, 24*). Fraglich erscheint, ob die übrigen Beispiele dieselbe Deutung zulassen. Der obere und

---

¹) Unbekannt ist der Fundort der Revue archéol. 1896 II (3 sér. 28), 18 abgebildeten Fragmente im Louvre. POTTIER vermutet Kamiros. Die aus der Nekropole von Markopulo (Attika) stammende Scherbe 'Εφημ. ἀρχ. 1895 Taf. 10, 12 S. 259 (STAIS) zeigt neben der noch ganz in der Art der cyprischen Gefäße behandelten Paare der Pferdeköpfe bereits die unförmliche Silhouette eines Speerschwingers, die nach dem geometrischen Stil hinweist.

²) EVANS a. a. O. (oben S. 21 Anm. 2) 203.

³) v. ROHDEN bei BAUMEISTER, Denkmäler III S. 1940. DE RIDDER, Catalogue de la coll. de Clercq V S. 300 (Import aus Rhodos?). WALTERS, History of ancient pottery I 244 f. führt beide Möglichkeiten an, ohne sich für eine zu entscheiden.

hintere Rand des Rechtecks ist abgerundet (*18, 20, 22, 24, 25, 30, 32, 33*), dabei zuweilen im Schwunge dem Kontur der Seitenbrüstung angeglichen (*22, 24, 25, 33*), einmal auch nach hinten ausgeschweift (*21*). Dieses Schwanken möchte ich der minderwertigen Arbeit der Vasenbilder zuschreiben; es ist dasselbe Ungeschick, das sich im gänzlichen Fortlassen der Vorderbrüstung auf *26* und *27*, im convexen abgeschrägten Verlauf der Wagenbodenlinie auf *20* und sonst in vielen Einzelheiten, wie z. B. der Darstellung der Menschen offenbart. Selbst die Zeichnung der künstlerisch ungleich höher stehenden Sarkophagbilder (*18*) ist nicht fehlerfrei: der zum Absetzen von Einzelheiten angewandte Wechsel der Farbe ist nicht consequent durchgeführt, woraus sich z. B. die Verwirrung in der Anordnung der Tierbeine (*18A*, PARIBENI S. 56) erklärt. Eine ähnliche Unklarheit ist an den Köpfen und Händen der Fahrenden zu bemerken, ebenso am linken Arm des Leierspielers der Langseite (PARIBENI S. 37 Anm. 1). Wie willkürlich die Vasenmaler schalten, beweist auf *26* die nur der Dreizahl der Fahrenden wegen in die Länge gezogene Seitenbrüstung. Auf ihr kehrt übrigens die horizontale Teilungslinie von *16* wieder, die dort als struktives Element angesprochen wurde; ein Rudiment davon könnten die Punktreihen auf *24* und *25* sein.

Will man nach dem Gesagten in diesen Wagen doch nicht den von den kretischen Täfelchen her bekannten syrisch-ägyptischen Typus mit rechteckigem Grundriß erkennen, so käme man mit FURTWÄNGLER und LÖSCHCKE (zu *32*) zu der Annahme eines zweiteiligen Wagenkastens. Der vordere Teil bedeutete dann die im Profil gesehene, vorne abgerundete Vorderwand, im ganzen etwa von der Form syrisch-hethitischer Kästen (N. Taf. 3, 14 und Taf. 4, 17). An sie würden sich im Umriß noch stärker geschwungene Seitenbrüstungen schließen. Eine solche Wagenform würde in der Entwicklung des griechischen Rennwagens allein dastehen. In ihr die Vorstufe zu einem etwa sechs Jahrhunderte später in Etrurien üblichen, im Prinzip ähnlichen Typus[1]) zu sehen, verbietet das Fehlen jeglicher Zwischenglieder. Völlige Klarheit können hier nur Funde von Originalen oder guten rundplastischen Nachbildungen bringen.

---

[1]) Z. B. Bronzewagen von Monteleone, BRUNN-BRUCKMANN, Denkmäler Taf. 586/87. Eine vollständige Übersicht der etruskischen Wagentypen wird bald die Arbeit von HANS NACHOD über den italischen Rennwagen geben.

Das Muster der Brüstungsflächen auf dem Sarkophag *18*, das in roher Schematisierung auf *23* und *28* wiederkehrt, macht es wahrscheinlich, daß zum Verhängen des Wagengerüstes scheckige Felle dienten (vgl. PARIBENI S. 57), wie in Ägypten Decken (N. S. 20). Auf Stoffbehang, der sich mit den langen Gewändern der Schwertträger des Pariser Kraters aus Aradippo[1]) vergleichen läßt, führen denn auch die am häufigsten verwendeten Punktmuster, reihenweise angeordnet oder wahllos über die Fläche gestreut (*19, 20, 21, 22, 24, 25, 33*), auf Korbgeflecht vielleicht die Schuppen auf *32* (vgl. die phönikisch-cyprische Vase St. 20 S. 173) und die Haken auf *30*. Doch können die Punkte auch bloß willkürliches Ornament sein, das sich ja selbst auf den unbekleideten Menschenkörper erstreckt. Ein sicheres Beispiel dafür ist der zwischen zwei Gespannen stehende Mann auf einer cyprisch-mykenischen Vase in London[2]) und gleichen Ursprungs sind vermutlich noch die kurzen Untersätze unter zwei bärtigen Köpfen auf einer Phaleronkanne in Athen[3]).

Die Deichsel ist bald nach syrisch-ägyptischer Sitte am Ausgangspunkt scharf emporgeknickt (*19, 24*), bald geht sie, etwa wie am jungassyrischen Wagen (N. S. 49), schräg in die Höhe (*18 A, 23, 28, 29, 31*), was aber vielleicht nur eine Vereinfachung der Zeichnung ist. Der Sarkophag (*18 B*) gibt auch die von *1* her bekannte Umwickelung durch feine schräge Parallelen wieder. Auch unter dem Wagenkasten setzt sich die Umschnürung fort, aber so anders — es sind breite rote Zickzacklinien —, daß man auf den Gedanken kommen kann, es sei damit die Befestigung des Wagenbodengeflechtes am Bodenrahmen gemeint (N. 1 Taf. 1 S. 17 und unten S. 36). Das Deichselende kommt über dem Widerriste der Pferde zum Vorschein. Es ist entweder hakenförmig nach hinten umgebogen (*28, 29*) oder ragt gerade empor (*19, 25* [Photo]). Das Joch und seine Befestigung an der Deichsel darzustellen, überstieg die Leistungsfähigkeit der Vasenmaler. Der merkwürdige Haken auf *32* und die Spirale auf *26* werden, schon weil an ihnen die Längsverbindung befestigt ist, eher das Deichsel-

---

[1]) Bulletin de corr. hell. XXXI 1907, 232 (POTTIER).
[2]) WALTERS, History of ancient pottery I Taf. XII.
[3]) COLLIGNON-COUVE, Catalogue des vases peints du Musée National d'Athènes No. 407 Taf. XVII. Vgl. BÖHLAU, Jahrbuch d. I. II 1887 S. 46 f. Fig. 6 und 7.

ende, als einen Jocharm bedeuten sollen. Auf dem Sarkophag (*18 A*) scheinen, so weit ich nach der Abbildung urteilen kann, Reste des ursprünglich dunkelrot bemalten diesseitigen Jocharmes, in der Form dem der Thontäfelchen *16*, *17* gleichend, kenntlich zu sein (vgl. unten *21* S. 27). An seinem Ende scheint, wie am Wagen des Juje (oben S. 6), ein runder Knopf zu sitzen. PARIBENI, der S. 57 nur von einem „giogo terminato a foggia di due sellini" spricht, sagt hiervon nichts.

Der Verbindungsstrang fehlt nur auf *22* und *30*. Er ist, wie auf den Gemmen, verschieden ausgestattet. Dem Sardonyx von Vaphio *1* und der dazu verglichenen Scherbe aus Tiryns (oben S. 5) gleichen die Rundbogen auf *26* und *31*. Der Charakter von hängenden Fähnchen ist aber hier besser gewahrt, und noch natürlicher scheinen die Wimpel auf *27* und *32* zu flattern, ähnlich geformt wie auf der Gemme 6. Am häufigsten ist die Längsverbindung als breiter Streifen mit nur einem schmalen, unten spitz zulaufenden Wimpel daran gezeichnet (*18—21*, *24*, *25*), auf *31* und *32*, doch wohl aus Versehen, der oben erwähnten Fähnchenreihe hinzugefügt. Diese Form ist als Überlebsel einer älteren Sitte an jungassyrischen Wagen des VII. Jahrhunderts nachweisbar (N. S. 45 vgl. S. 39 und St. S. 154). Zur Befestigung des breiten Zeug- oder Lederstreifens am Strange diente im IX. Jahrhundert in Assyrien und Nordsyrien eine Reihe kleiner Ringe (N. 23—26, 28. St. 7, 10). Diese kann auf *31* mit der Reihe kleiner Kreise nicht gemeint sein, weil sie sich oberhalb der Zügel wiederholt. Aus den parallelen Querstrichen auf *28* und *29* könnte man schließen, daß der Strang mitunter gewunden war, wenn nicht die Zeichnung auf *18* und *25*, wo sie sich auch auf den Wimpel selbst erstrecken, diese Annahme widerriete (vgl. das Ornament unter den Pferden auf *25* und oben S. 15 zu *10*). In den beiden letztgenannten Beispielen scheint das System komplizierter zu sein: auf *25* (Photo) hängt neben dem langen Wimpel noch ein kürzerer, auf dem Sarkophag (*18 B*) zweigt sich vom blaugezeichneten Streif, von dem der Wimpel ausgeht, ein gelber bis zum oberen Rande der Brüstung geführter Strich ab. Wie das im einzelnen zu erklären sei, muß vorerst unentschieden bleiben.

Die Zugtiere und ihre Anschirrung.

In mykenischer Zeit herrscht die mit dem Wagen aus Syrien übernommene Sitte zweispännig zu fahren. Die Einspänner einiger Modelle beweisen wegen der Formelhaftigkeit der ganzen Kunstgattung nichts dagegen (oben S. 15) und das entsprechende Zeugnis der Stelen (*3—5*) wird durch ihren Erhaltungszustand entkräftet. Stellt man jedoch in Abrede, daß hier die Farbe den wahren Tatbestand verdeutlichen half, so muß man mit Scheineinspännern rechnen[1]), wie sie aus geometrischer (unten S. 64), ägyptischer (N. S. 23) und besonders spätassyrischer (N. S. 50 vgl. N. 44 S. 70) Kunst geläufig sind, gelegentlich auch auf einem phönikischen Silberkessel (St. 22 S. 177) und einem Sarkophag von Cypern (St. 29 S. 184) auftreten. Die übrigen Monumente (mit Ausnahme der unten zu besprechenden Scherben 4. Stiles) geben, wenn sich die Zugtiere auch ganz decken, stets die richtige Zweizahl der Köpfe an, erlauben also nicht, mit POTTIER (zu *22*) von einem Pferde zu sprechen. Statt der Pferde scheinen auf *18 A* Maultiere vorgespannt zu sein. Dasselbe behaupten IMHOOF-BLUMER und KELLER (im Gegensatz zu FURTWÄNGLER) von *6*. Nur auf diesen beiden Darstellungen schwingt der Lenker oder die Lenkerin die Peitsche, was dann auf spätergriechischen Brauch[2]) vorausweisen könnte. Doch erlaubt das sonstige Fehlen eines zum Antreiben der Tiere dienenden Instrumentes keinen sicheren Schluß; zudem ist die Peitsche ja in Ägypten auch beim Rosselenken verwendet worden (N. 4, 5, 8, S. 24).

Syrisch-ägyptischer Sitte entspricht im wesentlichen auch die Anschirrung des mykenischen Gespannes. Die Tiere ziehen am

---

[1]) Vgl. SCHLIEMANN, Mykenae S. 93 Anm. 1. MILCHHÖFER, Die Anfänge der Kunst in Griechenland S. 232. HELBIG, Homer. Epos³ S. 137. SCHUCHHARDT, Schliemanns Ausgrabungen² S. 203. BRUNN, Griech. Kunstgeschichte I, S. 32.

[2]) Vgl. z. B. die ἀπήναι auf dem böotischen Teller Brit. Mus. B. 80, Journal of hell. studies I Taf. 7, DAREMBERG-SAGLIO, Dictionnaire des antiquités IV 504 Fig. 5703 s. v. plaustrum; der Amphora Brit. Mus. B. 17, Journal of hell. studies XXIII 1903, 139 Fig. 6 (im Katalog als korintisch, von LORIMER a. a. O. als chalkidisch bezeichnet), DAREMBERG-SAGLIO II 1153 Fig. 3081 s. v. flagellum, und der rf. Amphora München JAHN 903, GERHARD, Auserlesene Vasenbilder III Taf. 217. Beim Agon ἀπήνη (vgl. darüber REISCH bei PAULY-WISSOWA, Realencyclopädie I 2695 f.) scheint nach Ausweis der Münzen von Messana und Rhegion das beim Pferderennen im Mutterlande gebräuchliche Kentron in der Regel beibehalten zu sein.

Brustgurt (λέπαδνον), der am Joche befestigt ist und seinerseits durch einen Rumpfgurt (μασχαλιστήρ) in der richtigen Lage festgehalten wird. Die Gemmen *1* und *6* lassen diese Einzelheiten erkennen, nur hängen Lepadnon und Maschalister nicht zusammen, wie auf *18A* und *21*, wo der breite, auf *21* mit Ornamenten und hängenden Fransen geschmückte Brustgurt mit einer riesigen Schleife am Widerrist des Pferdes befestigt ist. Vielleicht soll auf *21* der am Pferdehals sichtbare, leicht gekrümmte, oben breiter werdende weiße Streif den Jocharm bedeuten (vgl. oben S. 25). Dann wäre der höckerartige Auswuchs am Widerrist als Jochkissen anzusprechen. Von den Linien, die REICHEL auf Stele *5* verzeichnete (Brustgurt, Bauchgurt, Sattel [?]), ist nach Mitteilung von Dr. WALTER MÜLLER nichts mehr zu sehen. Die Zügel sind auf den rohen Stelenreliefs *4, 5* nur durch einen dicken Strich angedeutet, auf den Gemmen *1, 6* und *8*, der ältesten Stele *3*, dem Sarkophag *18* und den cyprischen Vasenbildern dagegen sehr sorgfältig wiedergegeben. Die Zügelpaare sind hier stets voneinander deutlich abgesondert. Unklar ist aber ihre Verbindung mit den Fahrenden auf *18*, wo man doch wohl mit PARIBENI (S. 58) in der Person links im Wagen die Lenkerin zu erkennen hat. Doch ist sie meines Erachtens nicht hinter, sondern neben ihrer Gefährtin stehend gedacht. Der Maler schiebt die eine Person nur zu ihrer Verdeutlichung vor die andere (vgl. die Frauenpaare der Langseite, PARIBENI Taf. II). Auf den Vasenbildern ist auch ein Zügelring fast stets hinter den Pferdehälsen sichtbar (z. B. *22, 25, 28*), allerdings nicht in Zusammenhang mit dem Joch, wie man es nach Analogie späterer Beispiele (N. 46 S. 70, 48 S. 72, vgl. N. 20a S. 31 und die oben S. 3 citierten Fragmente der Geierstele) erwarten möchte.

Über die Aufzäumung geben nur der Sarkophag *18* und die Vase *21* Aufschluß. Sie besteht aus einfachem Backen-, Stirn- und Nasenriemen, der auf *21* etwas zu hoch gerückt ist. Der Trensenknebel ist ebenda als Ring gezeichnet. Eine mykenische Bronzetrense abweichender Form hat Reichel S. 142 abgebildet und besprochen. Für den fehlenden Genickriemen tritt ergänzend ein Bruchstück des aus dem mykenischen Burgmegaron stammenden Wandgemäldes mit den rosseführenden Männern ein[1]), das

---

[1]) Ἐφημ. ἀρχ. 1887 Taf. 11 rechts oben, S. 164 ff. (TSUNTAS).

auch durch die Mähnentracht des Pferdes bemerkenswert ist. Die Mähne ist in einzelne Büschel zusammengenommen, die an der Wurzel umschnürt und so zum Aufrechtstehen gebracht sind. Als Analogon dafür wüßte ich außer dem etwas älteren Bilde eines knosischen Siegels[1]) nur eine mykenische Scherbe vierten Stiles[2]) anzuführen, deren Zeichnung allenfalls so gedeutet werden könnte. Die Pferde der übrigen, gleich zu besprechenden Scherben desselben Stiles und die der cyprischen Vasenbilder haben keinen „Haarstutz", wie A. Schneider[3]) meinte, sondern sind, wie auch die Pferdebüste auf *16* und die Tiere auf *18 A* nach ägyptischer Mode (N. S. 24) mit Federn geschmückt. Statt auf den dort üblichen Bügel scheinen diese jedoch hier einzeln in die Mähne gesteckt zu sein (vgl. Reichel S. 145), auch ist ihre Zahl geringer, der Schmuck also weniger prunkhaft, als an den ägyptischen Königswagen der 18. und 19. Dynastie.

D. Spätmykenischer Bügelwagen.

Auf einigen in der Argolis gefundenen Scherben, meist vierten Stiles, scheint, so weit man nach den sehr geringen und geringwertigen Resten urteilen kann, der Bügelwagen aufzutauchen, der in historischer Zeit in Griechenland die führende Rolle übernehmen sollte. Es sind folgende:

34. Vasenscherbe aus Mykenae, noch dritten Stiles. Furtwängler und Löschcke, Mykenische Vasen Taf. 41, 427, Text S. 68. Zwei Krieger in kurzen gefransten Chitonen, vielleicht mit Rundschild, stehen nach rechts gewendet, mit etwas gebeugten Knieen hintereinander. Der vordere scheint durch den Rest eines vorgestreckten Armes als Lenker charakterisiert zu sein; einen Speer, wie sein Begleiter, trägt er nicht. Vom Wagen ist nur der die Fahrenden etwa in Taillenhöhe überschneidende Bügel, vom Gespann die Angabe der Schwänze (?) erhalten.

35. Desgleichen. Vierter Stil. Ebenda, Taf. 38, 390, Text S. 65. Zu erkennen ist nur der obere Teil eines Rades, darüber

---

[1]) Annual of the British School XI 1904/05 S. 13 Fig. 7 (Evans).
[2]) Furtwängler und Löschcke, Mykenische Vasen Taf. 41, 429a, vgl. Text S. VIII.
[3]) Berichte der Kgl. Sächs. Gesellschaft der Wissenschaften 1893, 77. Vgl. auch Schliemann, Tiryns S. 101.

ein fast senkrecht aufsteigender, nach hinten umbiegender Bügel und Reste, die wohl zur Figur des Fahrenden gehören. Vom Gespann ist nur das Hinterteil der Pferde erhalten.

36. Vasenscherbe aus Tiryns. SCHLIEMANN, Tiryns S. 409 No. 155 und Anm. 1. Zwei Gespanne übereinander. Vom oberen der vordere Teil des Radkranzes, die Deichsel, Hinterbeine und Schwänze der Pferde, vom unteren der vom Geländer durchschnittene Oberkörper des Mannes mit Kentron in der einen und Zügeln in der anderen Hand, sowie die Pferdeschwänze erhalten.

37. Bruchstück einer Vase aus Tiryns. Ebenda Taf. XVa. Oberer Teil eines nach rechts fahrenden Gespannes. Vom Geländer in Schulterhöhe überschnitten der Lenker mit Zügeln und Kentron (?). Zum Federschmuck der Pferdemähne vgl. Taf. XXIb.

Auf Grund dieser wenigen Brocken läßt sich nur sagen, daß der Wagen Räder mit Knaggen (*35*; vgl. oben S. 22) und breitem Radkranze (*35, 36*) hatte, daß sein Geländer in verschiedener Höhe dargestellt wurde (vgl. *36* mit *34* und *37*) und daß er zwei Personen (*34*) fassen konnte. Von den Zugtieren ist nur eines gezeichnet (*36, 37*), doch verrät die Mehrzahl der Schwänze (*35, 36*), daß es sich um Scheineinspänner handelt. Über den Federschmuck der Mähne (*37* und was dort citiert ist) s. oben S. 28.

Ergebnis. Die ganze mykenische Periode hindurch, in deren Anfang die Übernahme des syrischen Zweigespannes fällt, herrschen in Griechenland fast rein orientalische Wagenformen. Des spezifisch Mykenischen ist nur wenig. Dazu wird der im Doppelschwunge geführte obere Brüstungsrand auf *1—3* gehören. Der vorne abgerundete Grundriß dieses ältesten, in Einzelheiten, wie der Struktur des Kastens und der Führung der umwickelten Deichsel altbabylonischen Darstellungen nahestehenden Wagens stimmt mit dem des syrisch-ägyptischen Typus überein. Ihn zeigen die Gemmen *6—8* und die primitiven Thonmodelle *9—15*, statten ihn aber mit der in Ägypten unerhörten, später in Assyrien wiederkehrenden Verbindung zwischen Deichselende und Wagenkasten aus. So scheint er dann im „ägyptischen" Typus der geometrischen Zeit fortzuleben (unten S. 42f.). Derselbe syrisch-ägyptische Wagen, nur mit eckigem Grundriß, ist in der zweiten spätminoischen Periode auf Kreta durch die knosischen Schrifttäfelchen *16, 17* und den

Sarkophag *18* vertreten und erscheint in Cypern auf den spätmykenischen Vasenbildern *19—33*. Ob dieser eckige Grundriß, der bereits auf den helladischen Typus vorausweist (vgl. St. S. 161), auch für die Wagen der späten Stelen *4, 5* anzunehmen sei, ist bei ihrer geringen Kunst und ihrem schlechten Erhaltungszustand sehr fraglich. Am Ende der mykenischen Periode scheint auf einigen Scherben aus der Argolis (*34—37*) in kläglichen Resten der helladische Bügelwagen erkennbar zu sein.

Festgehalten wird an der altorientalischen centralen Stellung des Kastens, die im Orient damals großenteils zugunsten der Vorverschiebung aufgegeben war, und am vierspeichigen Rade, das durch Knaggen haltbarer gemacht wird. Nach Assyrien weist die Längsverbindung zwischen Deichselende und Brüstung, nach Syrien und Ägypten der Bau der Deichsel und die Jochform. Ägyptisch ist auch die Peitsche, die in Syrien erst später unter assyrischem Einflusse einzudringen scheint (St. 7, 9, 10 S. 158). Die Dreizahl der Fahrenden (*9, 22, 26, 31*) spiegelt schließlich hethitischen und späteren assyrischen Brauch wieder (vgl. N. Taf. 4 und Taf. 6, S. 28 und 36).

Nicht mykenisch ist der syrisch-hethitische Wagen auf dem Elfenbeinkästchen aus einem der jüngsten Gräber der Nekropole von Enkomi (St. 11a S. 161 f.), das nur im Stil der Reliefs stark unter mykenischem Einfluß steht.

II. Die geometrische Periode.

Für die Untersuchung der in dieser Periode, also vom IX. bis ans VII. vorchristliche Jahrhundert hinab[1]) im Mutterlande und auf Kreta gebräuchlichen Wagentypen und ihrer Verwendung steht ein sehr reiches Material, Modelle aus Metall und Thon und Flächendarstellungen, zu gebote.

In den Vasenbildern begegnen vorwiegend Darstellungen von Wagenzügen, häufig aus Anlaß einer Totenfeier, wie die unmittelbare Nachbarschaft von Aufbahrungsscenen und Leichenzügen lehrt. Man wird mit der Deutung dieser Friese als Wettfahrten

---

[1]) Zur Chronologie vgl. PFUHL, Athen. Mitt. XXVIII 1903, 287. FURTWÄNGLER, Ägina, Heiligtum der Aphaia S. 475 ff. POULSEN, Dipylongräber und Dipylonvasen S. 13.

bei den Leichenspielen zu Ehren des Toten, wie sie das Epos schildert, nicht fehl gehen[1]); weisen ja doch auch die auf Vasenscherben gleichartiger Gefäße als ἆθλα vorkommenden Dreifüße darauf hin[2]).

Anders steht es in den Fällen, wo sich diese Friese vollkommen getrennt von sepulkralen Darstellungen finden. Mit Recht hat POULSEN[3]) auf diesen Unterschied hingewiesen und davor gewarnt, sie mit der Trauerfeier oder mit der Stellung des Toten in Verbindung zu bringen. Sie werden sich vermutlich teils als Rennen (besonders *56* und *66* der Liste), teils als Kriegerzüge erklären lassen. Eine Verwendung des Wagens im Rennsport sichern meines Erachtens diese Vasenbilder auf jeden Fall, sei es bei Totenspielen oder bei sonstiger festlicher Gelegenheit. Auch weisen die zahlreichen olympischen Anatheme, die an erster Stelle zu besprechen sein werden, mit großer Wahrscheinlichkeit auf einen Zusammenhang mit den dortigen Wettkämpfen hin (unten S. 41).

Der Gebrauch des Wagens als Kriegsfahrzeug ist durch Kampfbilder, wie sie Mykenae (*3*—*5*) und der Orient bot, nicht gesichert[4]), aber durch das häufige Nebeneinander von Lenker und Krieger sowohl auf Vasenbildern, wie in plastischen Modellen, wird man dazu geführt, ihn dem epischen analog anzunehmen: der Wagen dient als Beförderungsmittel in die Schlacht[5]). Der geschwungene Speer auf der Münchener Vase *76* ist ein zu singuläres Beispiel, als daß man daraus auf einen Kampf vom Wagen aus schließen dürfte. Auch ist es fraglich, ob in der Lücke vor dem Wagen mit dem Speerschwinger ein Hoplit, wie er vor dem folgenden Wagen steht, zu ergänzen sei. Die Verwendung des Gespannes auf der Jagd, wie sie der mykenische Goldring *2* zeigte, wird durch die geometrischen Denkmäler nicht bezeugt.

Die zwei Wagentypen der geometrischen Periode können kurz als „ägyptischer" und „helladischer" bezeichnet werden. Dem-

---

[1]) CONZE, Annali d. I. 1864, 185. HELBIG, Hom. Epos² S. 76. BRUNN, Griech. Kunstgeschichte I S. 56f. KLEIN, Griech. Kunstgeschichte I S. 50.
[2]) POTTIER, Vases antiques du Louvre I A 547 Taf. 20; Monumenti d. I. IX 39, 2. Vgl. auch Bulletin de corr. hell. XXV 1901, 149ff. (LAURENT).
[3]) POULSEN, Dipylongräber und Dipylonvasen S. 124.
[4]) POTTIER, Louvre A 519 Taf. 20 (PERROT VII 182, 67), Ἐφημ. ἀρχ. 1898 Taf. 5, 1a. Archäol. Zeitung 1885 Taf. 8 (PERROT VII 181, 66).
[5]) Vgl. EDUARD MEYER, Gesch. des Altertums II § 198.

nach wird das Material in zwei Gruppen gesondert. In jeder sollen die plastischen Modelle an erster Stelle betrachtet werden, um als Grundlage für die Deutung der nicht immer ganz leicht zu entwirrenden Projektion in der Flächenkunst zu dienen.

A. Der „ägyptische" Typus.
a) Modelle aus Olympia.

Bronzemodelle.

38. Olympia, die Ergebnisse IV Taf. 15 No. 253, wonach hier Taf. 2.

39. Ebendort No. 249. Abgebildet auch bei STAIS, Marbres et bronzes du Musée National I S. 240 No. 6190.

40. Ebendort No. 248. Eine Dublette konnte ich im Berliner Antiquarium skizzieren.

41. Unediert; unlängst in Olympia gefunden. Eine Skizze verdanke ich Dr. KURT F. MÜLLER.

42. Olympia IV Taf. 15 No. 250.

Thonmodelle.

43. Ebendort Taf. 17. No. 285.

44. Ebendort No. 284.

Neue Funde primitiver Thonwagen wurden unter der Umfassungsmauer des Pelopion in Olympia und im Heiligtum der Artemis Limnatis bei Kombothekra gemacht, worüber DÖRPFELD in den Athen. Mitt. XXXIII 1908 S. 189 und KURT MÜLLER ebenda S. 325 berichten.

Hierher gehört vermutlich auch

45. Bronzemodell aus der diktäischen Grotte auf Kreta. Annual of the British School at Athens VI 1899/1900 S. 108 Fig. 39 (HOGARTH), danach im Umriß L'Anthropologie XIII 1902 S. 38 Fig. 31 (S. REINACH), in Seitenansicht bei G. MARAGHIANNIS, KARO und PERNIER, Antiquités Crétoises I Taf. 29, 30.

In den olympischen Modellen sah bereits FURTWÄNGLER[1]) ein Abbild des leichten ägyptischen Rennwagens. Die Richtigkeit seiner Behauptung wird durch die Einzelanalyse bestätigt.

Die Räder sind nur an *38* und *45* erhalten und reichen bis über die Hälfte der Brüstung hinauf (*38*; an *45* fehlt die Brüstung).

---

[1]) Bronzefunde aus Olympia, Abhandlungen der Berliner Akademie 1879 29 Anm. 1.

Die mykenische Vierzahl der Speichen, die einmal durch Knaggen befestigt sind (*45*), das andere Mal sich gleichmäßig nach dem Radkranze zu verbreitern (*38*), ist beibehalten worden. Die Naben stehen nach beiden Seiten vor; das aus ihnen herausragende Achsenende ist an *38* breitgehämmert, um das Herabfallen der Räder zu verhindern, was natürlich nicht dem Vorbild entlehnt ist. Die Räder der anderen Modelle sind meist verloren, mitunter auch nie vorhanden gewesen[1]).

Nicht selten wurden Metallräder allein gefunden, die teilweise sicher zu Wagen gehörten[2]), teilweise als selbständige Anatheme[3]) und als Schmuckstücke[4]) aufzufassen sein werden. Sie haben bald ausgebildete vier Speichen, deren Form an die von *38* erinnert[5]), bald ist ihre Fläche von runden[6]) oder von eckigen[7]) Ausschnitten durchbrochen, wodurch Speichen angedeutet werden sollen. Dasselbe wird gelegentlich auch in dünnem Blech nur durch ganz unregelmäßige Ausschnitte versucht. So hat das obenerwähnte Rad 252a (Olympia, Text Bd. IV S. 40) vier, ein anderes (Olympia IV Taf. 25, 501) sechs solcher Ausschnitte. Vereinzelt kommt auch das ausgebildete sechsspeichige Rad vor[8]), auch einmal ein fünfspeichiges (Olympia IV S. 69 Inv. 5622. Thonrad aus Kombothekra unten S. 35).

Die Sitte, an Stelle des wirklichen Wagens oder seines Ab-

---

[1]) Olympia IV S. 40 und 45 zu *43*, (FURTWÄNGLER).

[2]) Olympia IV No. 252a, abgeb. Textband IV S. 40 und No. 252 Taf. 15. Vgl. auch S. 65. Bronzene Wagenräder erwähnt zusammen mit Pferden geometrischen Stiles SOTIRIADES bei Beschreibung der unter dem archaischen Tempel von Thermos liegenden Aschenschicht. Ant. Denkm. d. I. II Heft 5 Text S. 4.

[3]) Olympia IV S. 69. Vgl. PERDRIZET, Fouilles de Delphes V, 118ff.

[4]) Dazu gehören vielleicht Olympia IV Taf. 25, 499 und 500. Vgl. auch FURTWÄNGLER, Bronzefunde aus Olympia S. 40f. Rädchen aus Lusoi: Österr. Jahreshefte IV 1901, 51 Fig. 74. Bleirädchen aus Troja, IV. Schicht: HUBERT SCHMIDT, Schliemanns Sammlung trojanischer Altertümer No. 6710, abg b. bei SCHLIEMANN, Ilios S. 631 No. 1253, vgl. Hörnes, Urgeschichte der bildenden Kunst S. 460.

[5]) Olympia IV Taf. 25, 503, 504, 507. DE RIDDER, Catalogue des bronzes trouvés sur l'Acropole d'Athènes No. 406.

[6]) Olympia IV Taf. 25, 505, 499, 500. DE RIDDER a. a. O. No. 404. PERDRIZET, oben Anm. 3, S. 119 No. 637 Fig. 436. FURTWÄNGLER, Ägina Taf. 117, 3 Text S. 391, 8.

[7]) Olypia IV Taf. 25, 498, 502.

[8]) Olympia IV Taf. 25, 508. Vgl. WALDSTEIN, The Argive Heraeum II Taf. 126, 2254.

bildes¹) bloß ein Rad zu weihen, läßt sich an verschiedenen Orten und zu verschiedenen Zeiten nachweisen. Inschriftlich als Weihgeschenke gesichert sind aus archaischer Zeit ein ehernes Rad, angeblich aus Argos, im British Museum²) und ein ähnliches von der Akropolis in Athen³), etwa aus dem IV. Jahrhundert ein in Dodona gefundenes⁴), aus noch späterer Zeit ein sechsspeichiges Bronzerad aus der Umgegend von Marash oder Comana⁵). Eine Weihegabe mag auch das an einem Pfeiler angebrachte vergoldete vierspeichige Rädchen in einer Terrakottagruppe freien Stiles aus Kyme bedeuten⁶). Der Zusammenhang der Bronzerädchen aus Delphi⁷) mit den dortigen Spielen ist auch ohne Inschrift gesichert. Daß nicht alle zu Votivwagen gehörten, geht daraus hervor, daß die Nabe vielfach nicht durchbohrt ist, gerade wie in dem einzigen mir bekannten Falle, wo Räder einen geometrischen Dreifußhenkel zu stützen haben⁸). Dagegen mögen die Elfenbeinrädchen aus Ephesos⁹) Reste von Modellen sein, die etwa von Siegern in den Ἐφέσια¹⁰) geweiht wurden. Daß das ausgebildete vierspeichige Rad, schon in der mykenischen Keramik bisweilen als Ornament gebraucht¹¹), jetzt eine ausgebreitete Verwen-

---

¹) REISCH, Griechische Weihgeschenke S. 61. DAREMBERG-SAGLIO, Dictionnaire II 1 S. 377 s. v. donarium (HOMOLLE).
²) WALTERS, Catalogue of bronzes No. 253. I. G. IV No. 566 mit Zeichnung in Originalgröße, ROEHL, I. G. A. S. 173, 43 a. τῷ Γανάκῳ ἐμί · Εὐθ ...ς ἀνέθηκε.
³) DE RIDDER, (S. 33 Anm. 5) No. 405. Journal of hell. studies XIII 1892/3 Taf. VI No. 42 (BATHER). Πίθηκος ἀνέθηκεν. Zur Form ist das S. 33 Anm. 4 citierte Rädchen aus Lusoi zu vergleichen.
⁴) CARAPANOS, Dodone Taf. XXVI, 1 S. 47, 19 Ὀφελίων Ἀφροδίται ἀνέθηκεν. Vgl. FURTWÄNGLER, Bronzefunde aus Olympia S. 41 Anm. 4 und UNDSET, Zeitschr. f. Ethnologie XXII 1890 S. 73.
⁵) CHANTRE, Mission en Cappadoce 1893—94 Fig. 171 S. 192f. (COLLIGNON). Nur der Schluß der Inschrift ist mit Sicherheit zu entziffern: Ἀρσινόη Ζωπύρου κατεσκεύακε.
⁶) WINTER, Typen der figürlichen Terrakotten II S. 287, 3.
⁷) PERDRIZET, Fouilles de Delphes V 118 ff.
⁸) Fouilles de Delphes V S. 63 Fig. 196 No. 213 (PERDRIZET).
⁹) Excavations at Ephesus. HOGARTH, The Archaic Artemisia S. 168 f. Taf. XXVII, 2 (achtspeichig) und 9 (siebenspeichig).
¹⁰) THUKYD. III 104. DIONYS. HALIC. IV 25.
¹¹) z. B. Amphora des Palaststiles aus Knosos Journal of hell. studies 1903, 192 Fig. 10 (MACKENZIE). Vorstufen dazu schon praemykenisch: E. v. STERN in den Trudy des 13. Archäologen-Congresses in Jekaterinoslaw. Bd. I (Moskau 1907) Taf. 2, 3; 10, 1 u. 3; 7, 1. S. 27.

dung als solches gefunden hat[1]), mag nebenbei erwähnt werden.

Die Terrakottaräder, die abgebrochen in Menge mit den Thonmodellen zusammen gefunden wurden, sind in Olympia meist undurchbrochene Scheiben, nur selten sind Fragmente von Rädern mit ausgearbeiteten Speichen. Beide Arten sind auch im Fund von Kombothekra (oben S. 32) vertreten, wo ein fünfspeichiges Rad bemerkenswert ist. Auf den Scheibenrädern waren die Speichen gewiß aufgemalt, wie es ein geometrisches Zweigespann aus Thon im Münchener Antiquarium[2]) zeigt, an dem der Wagenkasten unterdrückt ist.

Der Wagenboden ruht auf der Achse, wo sie überhaupt ausgeführt ist (*38, 40, 41, 42, 45*), annähernd mit seiner Mitte (*40, 42*), oder eher ein wenig nach vorn hinausgeschoben (*38, 41, 45*), wie es in Ägypten besonders unter der 18. Dynastie (rund 16. bis 15. Jahrh. v. Chr.) aufkommt (N. 5, 6, 7, 12 S. 18). Ägyptisch ist auch sein Grundriß: vorne eine einheitliche Krümmung, hinten ein geradliniger Abschluß. Doch weichen die Proportionen von denen der erhaltenen ägyptischen Wagen N. 1 und 2 (H. CARTER und P. NEWBERRY, The tomb of Thoutmôsis IV, 1904 Taf. 9 S. 24ff.) ab. Die griechischen Modelle sind schmäler — es ist ja auch stets nur für einen Fahrenden Platz —, dafür aber viel tiefer, als die ägyptischen Wagen, deren größte Tiefe nur die Hälfte der Breite beträgt (N. 1, 2 S. 17). Ob diese Unterschiede wörtlich zu nehmen sind, ist fraglich, da ja Modelle und wirkliche Wagen nicht gleichwertig sind. Daß es aber letztere, nur für eine Person bestimmt, gegeben hat, lehrt der Bronzewagen von Monteleone[3]). Der Wagenboden ist entweder massiv (*38, 45*) oder durchbrochen

---

[1]) HILLER VON GÄRTRINGEN, Thera II S. 161 und Abb. 317 (DRAGENDORFF). POULSEN, Dipylongräber und Dipylonvasen S. 117. PFUHL, Athen. Mitt. XXVIII 1903 Beilage VI, 1 und 2, S. 104. Fouilles de Delphes V S. 136 Fig. 525 (PERDRIZET). Vgl. das Rädchen aus Knochen vom Dipylon, Athen. Mitt. XVIII 1893, 124 Fig. 22 (BRÜCKNER und PERNICE).

[2]) CHRIST u. A., Führer durch das Antiquarium 1901 S. 8 No. 769. In Athen erworben. Eine fast identische Thongruppe aus Kreta ist von ihrem Besitzer, EDW. S. FORSTER, im Journal of hell. studies XXVII 1907, 72 Fig. 4 veröffentlicht worden. Ein ähnliches Zweigespann aus Böotien befindet sich in der Sammlung Arndt: Kurzer Führer (1908) S. 11; eine Photographie verdanke ich Herrn Dr. ARNDT. Auch dieses Stück zeigt Spuren roter Farbe an den Rädern.

[3]) BRUNN-BRUCKMANN, Denkmäler, Taf. 586, 587.

(*39, 40, 41, 42*) oder aus einem gegossenen Geflecht gebildet (Inv. 10304. Olympia IV S. 40). Dieses ist natürlich die Wiedergabe des aus Originalen[1]) und Nachbildungen[2]) bekannten Riemenwerkes, das dem Boden Elastizität verleihen sollte (N. S. 17 vgl. oben S. 24).

Die Brüstung wird durch ein einfaches oder kompliziertes System von stützenden und gestützten Stäben hergestellt. Daß sie einst auch an *45* vorhanden war, ist durch die Löcher am Rande des Bodens sichergestellt, der Wagen also nicht, wie Miss LORIMER meinte[3]), ein Karren (cart), dem er allerdings im Bau der Deichsel ähneln könnte; vgl. jedoch unten *47*.

Gemeinsam ist den Bronzemodellen eine Mittelstütze, die an der Ansatzstelle der Deichsel etwas schräg nach hinten geneigt (vgl. N. 1 Taf. 1, 3 und oben *1, 3* S. 8) emporwächst und sich oben in zwei (*38, 42*) oder wie auf dem Relief N. 13a Taf. 1 S. 21 in drei (*39, 41*) Arme gabeln kann. Auf ihr liegt wagerecht ein einheitlicher, mehrfach geknickter Bügel, dessen Enden in die beiden Ecken des hinteren Wagenbodenrandes münden. Hinter ihnen setzt sich der Bodenrahmen jederseits als kurzer Dorn über das Trittbrett fort (vgl. N. 1 Taf. 1, deutlich auf der von N. S. 12 erwähnten Pause einer Zeichnung des Florentiner Wagens, und den Wagen des Juje, oben Anm. 1). Der Knick des Bügels ist verschieden, entweder biegt er unweit seines Auflagers auf den Gabelenden der Mittelstütze scharf nach unten um (*38, 39*), oder sein wagerechter Verlauf ist weiter ausgedehnt und der Übergang zur Richtung nach abwärts durch eine leichte Kurve bewerkstelligt (*40, 41* (?), *42*). Dabei erinnert ein geringes Ansteigen des oberen Konturs nach hinten zu (*40*) wieder an den Umriß ägyptischer Brüstungen (N. S. 19).

---

[1]) Ägyptische Wagen a) Holzwagen in Florenz N. 1 Taf. 1, St. S. 147. Gute Photographie in der Ediz. ALINARI P⁴ I⁰ No. 2536. b) Wagen Thutmosis IV. in Kairo N. 2, jetzt bei H. CARTER und P. NEWBERRY, The tomb of Thoutmôsis IV, 1904 Taf 9. c) Wagen des Juje, ebenda, DAVIS, The tomb of Jouiya and Touiyou 1907 Taf. 32 S. 35f.

[2]) Baktrisches Goldwägelchen im Brit. Mus. N. 48 Taf. 8 S. 65. Kalksteinwägelchen Baracco St. 32, vgl. S. 186. Cyprische Terrakotte in Dresden, OHNEFALSCH-RICHTER, Kypros Taf. 196, 3 S. 479. Prānestinische Ciste in Boston, Museum of Fine Arts, Annual Report 1893 p. 17, Photo BALDWIN COOLIDGE No. 9417.

[3]) Journal of hell. studies XXIII 1903, 148 Anm. 30.

Dieses Gerüst — Mittelstütze und Bügel — kann ausschließlich die Brüstung bilden (*38, 39* vgl. N. 1, 13a Taf. 1) oder es können noch andere Elemente hinzutreten (*40, 41, 42*). So verbindet eine einheitliche wagerechte Leiste die Mitte der vorderen Hauptstütze von *40* mit den schräg abwärts verlaufenden Teilen der beiden Bügelenden. Dazu kommen kleinere schräge Zwischenstützen, die von der Mitte der senkrechten Stäbe ausgehen und sie mit dem oberen Brüstungsrande beziehentlich dem Bodenrahmen verbinden (*40, 42*). Dabei mag man in dem nach unten divergierenden oberen Stützenpaar von *40* eine Reminiscenz an die ägyptischen Riemen (N. 4, 9, 10, 11 S. 20) erblicken, wie sie in ähnlicher Vereinfachung das Bruchstück einer Elfenbeinpyxis aus Tomba Regolini-Galassi[1]) zeigt. Auch an *41* scheinen, soweit die Skizze darüber ein Urteil zuläßt, diese secundären Elemente Riemen bedeuten zu sollen.

Von der Angabe solcher Details wird bei den roh gekneteten Thonmodellen (*43, 44*) abgesehen, doch auch sie lassen die Hauptformen des Gerüstes, die Mittelstütze und den daraufgelegten Bügel deutlich erkennen.

Über die tatsächliche Höhe der Brüstung wird sich nichts Sicheres ermitteln lassen. An den Exemplaren, die der Wirklichkeit am nächsten zu kommen scheinen (*39, 40*), reicht sie dem Lenker bis an die Hüften oder ein wenig darüber hinaus. Wenn sie jedoch an *42, 43, 44* bedeutend höher geht, daß die wagerecht vorgestreckten Arme des Lenkers (*42, 44*) auf ihr befestigt werden, so ist das der primitiven Technik zugute zu halten, die das Geländer eng an die Figur des Lenkers anschließt[2]). Ob die Brüstung in Wirklichkeit durchbrochen blieb, oder, wie die meisten ägyptischen Kriegswagen, mit Leder oder Korbgeflecht verkleidet war (N. S. 19), muß unentschieden bleiben, doch scheint das auf dem Vasenbruchstück *46* dargestellte Liniennetz die zweite Annahme näher zu legen. Es ist aber zu bedenken, daß der geometrische Stil Netze und Schraffierung auch sonst zur Bezeichnung von Flächen verwendet, wo von Netzwerk oder solchem Muster keine Rede ist[3]).

---

[1]) Museo Gregoriano (Ausg. A) I Taf. 8, 11 (Ausg. B. II 106).

[2]) Olympia IV Textband S. 45. Vgl. das Bruchstück einer archaischen Thonstatuette aus Corcyra Bulletin der corr. hell. XV 1891 S. 75 Fig. 11 (LECHAT).

[3]) Z. B. Tiere, Archäol. Zeitung 1885 Taf. VIII 2 (PERROT VII 181, 66). [SCHUCHHARDT] Katalog des Kestner-Museums in Hannover[2] S. 40 Abb. 5

Für den ursprünglichen Verlauf der Deichsel zeugt nur *38*; an *39* und *40* ist sie modern zurechtgebogen. Ohne den Knick an der Ansatzstelle läuft sie, wie es schon in spätmykenischer Zeit vorkam (*28*, *29*), in mäßiger Krümmung nach oben. Auf *40* und *41* wird sie unweit ihres Ansatzes von einem leicht vorgewölbten Verbindungsstab getroffen, der sich von der unteren Hälfte der Mittelstütze abzweigt. Das erinnert an die syrisch-ägyptische steile Riemenverbindung (N. S. 23), die zuweilen durch einen federnden Stab ersetzt wird (N. 11 Taf. 3, St. 11a S. 162 vgl. S. 179). Nach ihrem Ende zu verjüngt sich nur die Deichsel von *45*. Das Joch ist an *39* und *40* auf der Deichsel befestigt; ob auf *45* der unter ihr (vgl. *48*, *49*, *52*) durchgehende Draht zugehörig ist, läßt sich aus Abbildung und Beschreibung nicht mit Sicherheit ersehen. An ägyptischen Originalen sind beide Befestigungsarten des Joches nachzuweisen[1]). Wenn es an *38* durch ein Loch in der Deichselspitze geführt war[2]), so kann das kaum der Wirklichkeit entsprechen. Die Jochform ist die schon in mykenischer Zeit (oben *16*, *17* S. 17, vielleicht *18A* und *21*, S. 25 und 27) aus dem Osten übernommene des kretischen Bogens. Es ist für zwei Pferde eingerichtet und hat jederseits von der einmal (*40*) durch zwei Erhöhungen bezeichneten Mitte[3]) eine Einbuchtung für den Widerrist des Zugtieres. Die zwei Löcher in jedem Jocharm (*40*) werden zur Befestigung des Brustriemens gedient haben[4]).

Neben den zwei Jochpferden könnten hier noch die zwei Beipferde eines griechischen Viergespannes angefügt gewesen sein. Doch ist aus entwicklungsgeschichtlichen Gründen FURTWÄNGLER

(Wasservögel), vgl. unten 74 und auf 79 die Schwänze der Rehe. Stühle: RAYET-COLLIGNON, Histoire de la céramique grecque Fig. 19 (PERROT VII 173, 56).

[1]) Auf der Deichsel (wenn die Rekonstruktion richtig ist) sitzt das Joch am Wagen des Juje (oben S. 36 Anm. 1), unter ihr am Florentiner Wagen N. 1 Taf. 1 S. 23 St. S. 147. Das Joch allein abgebildet bei REICHEL S. 132, 72 nach Österr. Jahreshefte II 1899, 142, 64.

[2]) An einem anderen Exemplar (Inv. 6893 Olympia IV S. 40) „ist die Deichsel mit den besonders gegossenen, hereingesteckten Joch und den durch dieses nach dem Wagenrande laufenden Zügeln erhalten".

[3]) Vgl. die etruskische Bronzedeichsel in Florenz (etwa VI. Jahrhundert) REICHEL S. 131, 70 nach Österr. Jahreshefte II 1899 S. 139, 61. Annali dell' Inst. 1882 tav. d'agg. T 1. 2 p. 140ff. (GAMURRINI), DAREMBERG-SAGLIO III, 665, 4154 s. v. jugum.

[4]) FURTWÄNGLER erklärt sie für Zügellöcher, wohl auf Grund des oben Anm. 2 citierten Exemplares.

beizustimmen, der für sie — da er das Gegenteil durch nichts angezeigt findet — nur Zweigespanne in Anspruch nimmt (Olympia IV S. 40).

Den Wagentypus der olympischen Modelle zeigen folgende

b) Flächendarstellungen.

46. Bruchstück einer Dipylonamphora. Wagenzug. Athen, nicht im Nationalmuseum. Annali d. I. XLIV 1872 Tav d'agg. I 2 S. 146, 44 (G. HIRSCHFELD). Ein Gespann daraus: HELBIG, Homer. Epos^2 139, 33, danach hier Taf. 2. REICHEL S. 125, 67; DAREMBERG-SAGLIO, Dictionnaire des antiquités I 1636, 2203.

47. Bronzefibel aus Theben (?), Brit. Mus. WALTERS, Catalogue of bronzes No. 3205 p. 374 Fig. 88. Eine Skizze verdanke ich HANS NACHOD.

Diese Wagen tragen, wie auch die Modelle, nur eine Person, auf *46* wechseln Bewaffnete und Unbewaffnete ab. Das Rad entspricht hier dem von *38*, am Wagen links wird man in der Gabelung der Speichenenden die ungeschickte Wiedergabe der Knaggen erblicken dürfen. Auf *47* weist schon die Sechszahl der Speichen, die ja auch unter den olympischen Funden vorkam (oben S. 33), auf ägyptischen Einfluß. Der Wagenkasten ist in beiden Darstellungen aus seiner richtigen Lage auf der Achse emporgehoben, auf *46* in Scheitelhöhe des Radkranzes, auf *47* noch höher gezeichnet (vgl. die mykenischen Stelen *3—5*, das Thontäfelchen *16* und die Vase *22*). Seine Form läßt sich auf *47* aus den Resten (unterer Teil der Mittelstütze, steile Verbindung zur Deichsel (?), senkrechtes Bügelende) nicht mit Sicherheit ergänzen. Auf *46* ist die Brüstung in scharfem Profil gezeichnet. Sie hat eine annähernd dreieckige Form und besteht aus dem von der Ansatzstelle der Deichsel emporwachsenden, nach hinten geneigten, etwas gebogenen Mittelständer (vgl. oben S. 36) und einem schrägen Liniennetz, das den Raum zwischen ihm und dem vorgesetzten Fuß des Lenkers überspannt. Die weite Ausladung des Wagenbodens nach hinten erklärt sich durch das Streben des Vasenmalers nach Deutlichkeit. Wie er das Trittbrett höher setzt, damit es nicht vom Rade durchschnitten werde, so verlängert er es über den Kasten hinaus, um den Lenker bis an die Füße sichtbar zu machen[1]). Noch krassere Beispiele dieses willkürlichen

---

[1]) LÖWY, Die Naturwiedergabe in der älteren griechischen Kunst S. 11.

Schaltens mit den Einzelteilen eines Gegenstandes, das sich bis zu seiner völligen Zerlegung steigern kann, werden uns weiter unten begegnen[1]).

Die Deichsel läuft einheitlich schräg nach oben, biegt vor ihrem Ende hakenförmig um und schließt auf *46* mit einem oben abgeplatteten Knauf. Unter dieser Bekrönung ist die zum oberen Ende des Mittelständers der Brüstung laufende Verbindungsleine (oben S. 4) befestigt, die auch auf *47* teilweise erhalten ist. Sie wurde ja schon auf Gemmen mykenischer Kunst (*6—8* S. 11) gerade mit dem syrisch-ägyptischen Wagentypus combiniert, freilich, wie es schien, noch in jener reicheren orientalischen Ausstattung als Wimpelstrang. Daß sie an den Modellen *38—44* fehlt, braucht bei deren Kleinheit und abgekürzter Ausdrucksweise nicht Wunder zu nehmen. Oder sollten vielleicht die an *40* zwischen den Händen des Lenkers (deren rechte durchlocht ist[2])) um die Brüstung gewundenen „Zügelenden aus schmalen Blechstreifen" (FURTWÄNGLER, Olympia IV S. 39) als Reste der Deichselverbindung aufgefaßt werden können? Das Fehlen des abgebrochenen Deichselendes wäre kein Gegengrund.

Das Joch, das im Profil gesehen, dem Maler und Ciseleur wohl allzu große Schwierigkeiten bereitet hätte, ist weggelassen.

HELBIG[3]) glaubte die Darstellung auf *46* als „zweirädrigen Einspänner" interpretieren zu können. Die Inconsequenz seiner Annahme taten REICHEL (S. 140f.) und LÖWY[4]) dar. Der Wiedergabe des hintereinander liegenden Räderpaares durch ein einziges Rad entspricht die Wiedergabe des Zweigespannes. Die gleiche Erscheinung ist ja aus orientalischem und mykenischem Kunstkreise (oben S. 26) hinlänglich bekannt.

Die Datierung der in Olympia gefundenen Modelle ist untrennbar mit der Frage nach dem Alter des Heraion verknüpft, unter dessen Fundamenten eine große Anzahl solcher Votive gefunden wurde. DÖRPFELD suchte sie in Übereinstimmung mit der

---

[1]) Vgl. RICHARD DELBRÜCK, Beiträge zur Kenntnis der Linienperspektive in der griechischen Kunst, Diss. Bonn 1899 S. 18. LÖWY, Naturwiedergabe S. 7 f.
[2]) Vgl. das Bronzefigürchen DE RIDDER, Bronzes de l'Acropole No. 695 und was dort angeführt ist.
[3]) Hom. Epos[2] 140.
[4]) Naturwiedergabe S. 11 Anm. 4.

mythistorischen Überlieferung¹) zu beantworten, wonach der alte Heratempel noch ins zweite vorchristliche Jahrtausend zurückgehen müsse²). Dagegen hat PUCHSTEIN³) mit Recht geltend gemacht, daß der Tempel aus architektonischen Gründen von den übrigen altdorischen Tempeln nicht um Jahrhunderte getrennt werden könne, sondern in der zweiten Hälfte des VII. Jahrhunderts entstanden sein müsse. Ihm stimmt FURTWÄNGLER in einer Abhandlung⁴) bei, die DÖRPFELDS Versuch, seine alte Ansicht durch die Resultate einer neuen Grabung zu befestigen⁵), Punkt für Punkt widerlegt, freilich ohne DÖRPFELD zu überzeugen⁶).

Die unter dem Heraion gefundenen Votive sind also ins VIII. bis VII. Jahrhundert zu setzen. Mit einer geringen Modifikation erkennt auch A. KÖRTE⁷) diese Datierung an und bringt mit Recht die zahlreichen Weihegaben mit den Spielen in Olympia in Verbindung. Er korrigiert demnach die literarische Überlieferung, welche als prius das Rennen mit dem Viergespann, freilich erst im Jahre 680 v. Chr. annimmt⁸) und die Zweigespanne erst im Jahre 408 v. Chr. eingeführt wissen will. Wie wir sahen, zeigten die Modelle ausschließlich die Einrichtung für die Bespannung mit zwei Pferden. Daraufhin kommt KÖRTE zu dem Schluß, daß das Wagenrennen in Olympia vom Beginn der Spiele bestand und daß die ohne Frage älteren Zweigespanne den Anfang machten, erst später dem inzwischen herrschend gewordenen Viergespann weichen mußten, um erst wieder 408 v. Chr. als besonderer Agon eingeführt zu werden. Dieses wird sich uns weiterhin bestätigen. Der Befund der Denkmäler, die der spätgeometrischen Zeit zuzuweisen sind, wird lehren, daß damals zuerst im Mutterlande das Viergespann auftaucht, ja sogar vor dem Zweigespann vorherrscht.

Das kretische Modell *45* wird etwa gleichzeitig mit den früheren Stücken aus Olympia sein. Es wurde in der oberen

---

¹) PAUSANIAS V 19, 1. vgl. EPHOROS bei STRABO S. 357.
²) Olympia II S. 35f.
³) Jahrbuch d. I. XI 1896, 70 ff.
⁴) Sitzungsberichte der philos.-philol. und der histor. Klasse der Kgl. Bayer. Akad. d. Wiss. 1906, 467ff. bes. 475.
⁵) Athen. Mitt. XXXI 1906, 205ff., über die unter dem Heraion gefundene Bronzestatuette P. STEINER, ebenda S. 219 ff. Taf. 18.
⁶) Athen. Mitt. XXXII 1907 S. IV ff. vgl. ebenda XXXIII 1908, 186.
⁷) Hermes XXXIV 1904, 224ff., bes. 229.
⁸) Dieser Nachricht wegen ließ FURTWÄNGLER den gleichen Gedanken an einen Zusammenhang von Agon und Votiv fallen: Bronzefunde aus Olympia S. 30.

diktäischen Grotte gefunden und ist wohl jünger als die Kleinbronzen der unteren Grotte, die stilistisch an der Schwelle vom mykenischen zum geometrischen Zeitalter zu stehen scheinen. Die Fibula 47 wird wohl ans Ende der ganzen Reihe gehören. Sie schließt sich als jüngstes Glied einer kleinen Gruppe meist aus Böotien stammender Fibeln mit Halbmond-Platte als Bügel an[1]). Die stets auf beiden Seiten dieses Bügels gravierte Zeichnung beschränkt sich nicht bloß auf die aus der attisch-geometrischen Keramik so geläufigen Ornamente und Füllmotive, wie Rosette und Segmentstern (besonders beliebt zur Betonung der Mitte: c, e, f, g, h), Hakenkreuz (d, e, f, g), Fisch und Vogel, sie übernimmt auch den figürlichen Typenschatz der späteren Dipylonkeramik. Den relativ späten Ursprung unseres Exemplars sichert neben dem Rundschild[2]) der Krieger (der Reiter auf e hat noch den im ganzen älteren böotischen Schild) das Eindringen mythologischer Stoffe, des Hydrakampfes und des δούριος ἵππος.

Der ägyptische Typus wird sich am wahrscheinlichsten als Überlebsel aus mykenischer Zeit erklären lassen. Gegen einen erneuten direkten Import vom Nillande her spricht schon das Vorkommen der Längsverbindung auf 46 und 47, die dem ägyptischen Wagen in seiner Heimat immer fremd blieb. Nur auf griechischem

---

[1]) Ich kenne folgende Exemplare dieses Typus:
  a) Halbmondfibel 1883 im Kunsthandel skizziert, ohne Gravierung: UNDSET, Zeitschr. f. Ethnologie XXI 1889, 220 Fig. 30.
  b) Fragmentiertes Stück aus Ägina. FURTWÄNGLER, Ägina S. 402 No. 106. Taf. 116, 6 (THIERSCH).
  c) Berlin, Antiquarium Inv. 8064. Aus Böotien. Jahrbuch d. I. III 1888 S. 363, e (BÖHLAU). PERROT VII 253, 123.
  d) Kopenhagen, Antikensammlung No. AB a 481. Aus der Nähe von Theben. MONTELIUS, Spännen (Antiquarisk Tidskrift för Sverige VI) S. 10 Fig. 6. Die Abbildung bei Mortillet, Musée préhist.² Taf. 105, 1425 ist irreführend.
  e) Berlin, Antiquarium Inv. 8396. Aus Thisbe. Jahrbuch d. I. IX 1894 Anz. S. 116 Fig. 1 (FURTWÄNGLER).
  f) Ebenda, Inv. 8458, a. a. O. Fig. 2. Aus Griechenland.
  g) London, Brit. Mus. Aus Griechenland. WALTERS, Catalogue of bronzes No. 3204 S. 372 Fig. 85, 86.
  h) Ebenda, No. 3205 S. 372 Fig. 87/88 (No. 47 der Liste).

[2]) FURTWÄNGLER, Arch. Zeitung 1885, 139. PERNICE, Athen. Mitt. XVII 1892, 215. REICHEL, S. 48. Vgl. COLLIGNON, Bulletin et mémoires de la société nationale des antiquaires de France Sér. VI t. 5 (1894) S. 173. G. LIPPOLD, Griechische Schilde, in den „Münchener archäologischen Studien, dem Andenken Ad. Furtwänglers gewidmet" S. 449 ff.

Boden hatten sich beide Elemente bereits in mykenischer Zeit vereinigt (Gemmen *6—8*; Modelle *9—15* [?]). Auch schien damals wenigstens ein Beispiel (*8*) auf den leichten unverschalten Wagen hinzuweisen, der jetzt, wohl im Zusammenhange mit dem Rennsport, die Überhand gewonnen hat.

B. Der helladische Typus.
a) Modelle.
α) Aus Thon.

48. Vom Dipylon, Wien, Hofmuseum. Zeitschrift für Ethnologie XXII 1890 S. 66 ff. Fig. 13 (UNDSET). WINTER, Typen der figürlichen Terrakotten I S. 25 No. 6. Übersicht der kunsthistorischen Sammlungen des Allerh. Kaiserhauses 1904, 73 No. 45 (R. v. SCHNEIDER). Photographie von Prof. v. SCHNEIDER.

49. Vermutlich aus Tanagra, Athen, Nationalmuseum 926. Ἐφημ. ἀρχ. 1896 Taf. 3 S. 57 (PERDRIZET), danach hier Taf. 3 in zwei Ansichten. WINTER a. a. O. S. 7 No. 4.

50. Modell unbekannter Herkunft im Brit. Mus. First Vase-Room, Case 33/34 No. [6]. Erwähnt von UNDSET (zu *48*) S. 68. Eine Skizze verdanke ich HANS NACHOD, Photographien der Leitung des Brit. Mus. und Dr. H. KOCH.

Ein Thonmodell in Hannover[1]) bleibt seines schlechten Erhaltungszustandes wegen besser von der Besprechung ausgeschlossen.

Durch seine Form schließt sich hier an

β) Bronzemodell.

51. Berlin, Antiquarium. FRIEDERICHS, Berlins antike Bildwerke II No. 1773, erwähnt Zeitschrift für Ethnologie XXII 1890 S. 65 Anm. 2 (UNDSET). Fundort mir unbekannt. Nach der Herkunft aus Sammlung KOLLER vermutlich aus Unteritalien oder Sizilien. Eine Photographie verdanke ich Herrn DR. ZAHN.

Die Thonmodelle *48—50* werden durch Fundumstände, Material und Technik, sowie durch einige kostümgeschichtliche Anzeichen, wie den runden Schild (*49*, vgl. *52* und oben S. 42 Anm. 2) und den langen Lenkerchiton (*49* vgl. *52*), der die in frühgeometrischer

---

[1]) Führer durch das Kestner-Museum² 1900 S. 57 No. 303 (SCHUCHHARDT).

Zeit herrschende Nacktheit ablöst und fortab als Lenkertracht κατ' ἐξοχήν gilt[1]), in spätgeometrische Zeit verwiesen.

In zwei Punkten unterscheiden sich diese späteren Wagen von denen des „ägyptischen" Typus. Einmal ist der Kasten im Grundriß eckig — nimmt also eine auf griechischem Boden bereits seit Mitte des zweiten Jahrtausends (*16—33*; *34—37* [?]) bekannte Form auf — womit die Umwandlung des einheitlichen Geländers in ein dreiteiliges gegeben ist. Zweitens ist dieses Geländer nicht, wie die Stangenbrüstung der Gruppe A, völlig durchbrochen, sondern in seinem unteren Teile, vom Wagenboden bis etwa in Kniehöhe des Lenkers, fest verkleidet.

Diese Verkleidung ist an *49* durch Riemen, die jeweils von ihrer Mitte ausgehen und um den darüber befindlichen Bügel herumgreifen (vgl. unten *52*), mit dem Geländer verbunden, also wohl aus Leder zu denken. Anderes Material werden die Verfertiger der übrigen Modelle wiedergeben wollen. An *50* sind statt der Riemen Ständer verwendet; von ihnen ist nur der linke mit dem fast intakt gebliebenen Bügel darüber erhalten, ebenso der Ansatz der Mittelstütze für den Vorderbügel und dessen linkes Ende. Auf den Bügeln ist das Fischgrätenmuster, auf dem Ständer eine Punktreihe gemalt. Die Vorderwand ist hier etwas höher verkleidet als die Seitenwände. Bemalt sind alle drei mit einem horizontalen Streifen von stehenden gleichschenkligen Dreiecken, dem unten vier, oben drei Striche parallel laufen. Dieser scharf begrenzte obere Abschluß scheint mir für eine Holzverschalung zu sprechen. Auch für *48*, wo, wie an *51*, weder Stütze noch Riemen zum Bügel führt, wird man sie annehmen dürfen, trotzdem die an Lattenwerk erinnernde mehrfache Horizontalteilung der Verschalung, die UNDSETS Skizze angibt, am Original fehlt.

Im Inneren von *49* ist hinter der Vorderwand durch eine den Fahrenden bis etwa in die Mitte ihrer Unterschenkel reichende Leiste ein leerer Raum abgegrenzt, dessen Breite ungefähr der Länge ihrer Füße entspricht[2]). Die gleiche Vorrichtung bezeugen

---

[1]) W. A. MÜLLER, Nacktheit und Entblößung S. 86 Anm. 1 (dasselbe Citat ist dort S. 89 Anm. 6 versehentlich einer Gruppe von Denkmälern angereiht, statt ihr entgegengesetzt zu sein). Vgl. HELBIG, Sitzungsberichte der philosoph.-philolog. und histor. Klasse der Kgl. Bayer. Akad. 1900. S. 277 mit Anm. 5.

[2]) PERDRIZET (zu *49*) S. 59. Dazu Notizen von Dr. KURT F. MÜLLER.

für *50* Reste einer Scheidewand im vorderen Drittel des Kastens (vgl. auch unten *52*). PERDRIZET (zu *49*) wird recht haben, wenn er darin eine Art Kasten zur Aufnahme von Futter für die Zugtiere, Waffen, Beute u. dgl. sieht. Es mag auch an den zu ähnlichem Zweck bestimmten Ständer in cyprischen Modellen geometrischen Stiles (St. 15, 16) erinnert werden. Die Bedeutung des auf dem Wagenboden von *50* gemalten grasenden (?) Tieres bleibt unklar.

Die drei Bügel des Geländers sind von verschiedener Form und Höhe. Der Vorderbügel ist stets etwa halbkreisförmig (so auch an *50* zu ergänzen) und wird an *49* und wohl auch *50* von den elliptischen, nach hinten und oben stärker (*49*) oder schwächer (*50*) ausladenden Seitenbügeln überragt. Nur an *51* entsprechen sie ihm in der Höhe, an *48* auch in der Form. Die Seitenbügel von *49* und *51* (?) münden vorne nicht in die Verschalung, sondern direkt in den Vorderbügel.

Die schon an Wagen des ägyptischen Typus beobachtete Eigentümlichkeit, das Trittbrett an beiden Enden durch vorspringende Dorne (Fortsätze des Bodenrahmens) zu begrenzen (oben S. 36), wiederholt sich auch an diesen Modellen, nur hat sie der Verfertiger von *51*, unbekümmert um ihre Entstehung, von den Ecken des Trittbretts nach innen verschoben.

Die Größe des Wagenkastens schwankt. Ziemlich breit ist *49*, wo neben dem einen böotischen Schild auf dem Rücken tragenden ἡνίοχος ein Hoplit mit Rundschild steht[1]). Standspuren einer einzigen Figur, wie sie auf *48* fährt, und zwar links im Wagen, zeigt *50*, wo der Eindruck der Schmalheit durch den auffallend weiten Abstand des Kastens von den Rädern noch erhöht wird[2]). Auch für das Bronzemodell *51* wird nur eine Figur vorauszusetzen sein, befestigt durch einen noch vorhandenen Stift, dessen Kopf unter dem Wagenboden, unmittelbar hinter der Achse sitzt.

Verschieden sind die Räder gebildet. Recht plump geraten sind sie an *49*[3]), haben eine nach außen und innen kräftig vor-

---

[1]) Zu dieser Bewaffnung vgl. LIPPOLD, Münchener archäologische Studien S. 424 f.

[2]) Breite des Kastens: ca. 0,075 m; Tiefe, an der rechten Seitenbrüstung gemessen: 0,05 m; desgl. an der linken: 0,06 m. Abstand der Räder voneinander: 0,19 m.

[3]) Bemalung des Radkranzes: schwarze Punktreihe zwischen zwei roten Strichen.

springende Nabe und zeigen den von den Bronzerädchen her bekannten Versuch, die Speichenform mit den Knaggen durch vier in die Scheibe gebohrte annähernd kreisrunde Löcher anzugeben (oben S. 33). Ihr Durchmesser ist nur gering, so daß der Kasten nur wenig über den Erdboden erhoben ist. Scheitelpunkt des Rades und oberer Rand der Brüstungsverkleidung fallen zusammen. Anders an *50*[1]). Die Räder sind hier sehr hoch und haben, wie an *51*, vier nach außen hin sich verbreiternde Speichen (vgl. *38*), die von einer nach beiden Seiten stark vorspringenden Nabe ausgehen. Der obere Felgenrand reicht bis zur Höhe des Seitengeländers hinauf. Nicht ganz so hoch reichen die Räder von *51*, deren Naben weniger vorspringen. Sie drehen sich um eine durch zwei Ösen gesteckte unbewegliche Achse, auf deren Enden kreisrunde profilierte Knöpfe sitzen, die das Abgleiten der Räder verhindern sollen. Die Ösen, welche die Achse am Boden festhalten, dürfen nicht mit den Achsenlagern der Sitzwagen (oben S. 10) gleichgesetzt werden, deren Funktion, die Achse und die damit fest verbundenen Räder drehbar zu machen, sie nicht erfüllen. Auch sind sie, wenig sorgfältig, nicht einmal in einer Linie angebracht, so daß die Achse schräg, nicht parallel zum vorderen Wagenrand steht, wodurch man von der einen Seite den falschen Eindruck einer Vorverschiebung des Wagenkastens gewinnt. Die beiden Thonwagen *49, 50* stehen streng central. Die plump nachgebildete Achse ragt an *49* weit aus der Nabe hinaus. An *50* sind die Räder an die verjüngten Enden eines breiten, fast der ganzen Tiefe des Wagenkastens entsprechenden Balkens gesteckt. Daß dieser nur dem Abbild eigen ist, braucht wohl nicht erst betont zu werden. Dagegen wird man den weiten Abstand zwischen den Rädern wohl auch dem Vorbild zugestehen müssen[2]). Der leichte Wagen wurde dadurch vor dem Umkippen geschützt[3]) und das Zusammen-

---

[1]) Bemalung: concentrische Kreise auf Radkranz und Nabe (vgl. die Naben der großen Räder, die die Terrakottagruppe *48* tragen), Grätenmuster auf den Speichen, zwischen ihnen doppelte Kreuzlinien auf der Nabe.

[2]) Außer den Vorderansichten von Gespannen, wie z. B. auf dem korinthischen Pinax, Berlin, FURTWÄNGLER No. 834 A (Antike Denkmäler d. I. II Taf. 29, 23) und den Vasen oben S. 14, Anm. 1 sind die Maßverhältnisse an erhaltenen Wagenresten in Betracht zu ziehen, z. B. SEURE, Bulletin de corr. hell. XXV 1901, 181 ff. (thrakischer Wagen); PETERSEN, Röm. Mitt. IX 1894, 270, 8—11 (Sitzwagen von Perugia).

[3]) DAREMBERG-SAGLIO, Dictionnaire I 1635 (Saglio); PETERSEN (oben Anm. 2) S. 272.

setzen seiner Teile, besonders die Befestigung des Kastens auf der Achse, erleichtert[1]). An *48* sind Achse und Wagenräder unterdrückt. Dafür sind vier große Scheibenräder an der Standplatte der ganzen Gruppe befestigt, um sie fahrbar zu machen. Dergleichen kommt auch anderswo vor (St. 163 f.)[2]).

Die Deichsel von *48* und *49* setzt vorne an der Verschalung (in Wirklichkeit wohl am Rahmen des Wagenbodens) an und ist in leichter Biegung bis über den Widerrist der Zugtiere geführt. An beiden Modellen ist der orientalische, auch noch mykenische Knick beibehalten. Nach ihrer Spitze zu verjüngt sie sich und biegt dort hakenförmig, an *49* in Form eines χηνίσκος, um, ebenso wie die Enden des unter ihr befestigten Joches (vgl. unten *52*). An *50* ist die Deichsel abgebrochen. Die Bruchstelle zeigt, daß ihr Ansatz dem von *48* und *49* glich. Am Berliner Modell *51* dient jetzt als Deichsel ein 15,5 cm langer, etwa 1 cm breiter platter Bronzestreif, der sich schon durch das intensivere Grün seiner Patina als unzugehörig erweist. Er wird antik, seiner eigentlichen Bestimmung nach vermutlich ein Beschlag sein, worauf auch zwei Löcher hinzuweisen scheinen, deren eines nach dem Rande zu ausgerissen ist; in dem andern sitzt noch der Rest eines Nagels fest. Das plattgehämmerte Ende der ursprünglichen Deichsel haftet noch am Wagenboden, dort, wo ihn die Achse überschneidet.

An allen diesen Wagen ziehen, soweit die Tiere erhalten sind (sie fehlen an *50* und *51*), immer vier Pferde, die zwei mittleren am Joch, im Gegensatz zu den Zweispännern der ersten Gruppe.

Einzelheiten der Anschirrung fehlen, nur an *48* sind Reste des gemalten Riemenwerks zu erkennen[3]): am Kopf des einen Beipferdes zwei sich kreuzende Linien und an den Hälsen ein breites ornamentiertes Lepadnon. Es trägt eine „falsche Spirale" mit Punkten innerhalb der Kreise und in den Zwickeln, die oben und unten durch die Begrenzung mit je drei parallelen Horizontalen entstehen. Halsstreifen, mit gleichem oder ähnlichem Ornament bemalt, kommen auch an Pferden geometrischer Büchsendeckel vor. Diese werden also, neben dem einzelnen Reitpferd[4]),

---

[1]) Seure, Bulletin de corr. hell. XXV 1901, 191 Anm. 2.

[2]) Thonmodell aus Marathus St. 17 S. 169; Kalksteingruppe Baracco St. 32 vgl. S. 185 (Ergänzungsrädchen zwischen den beiden mittleren Pferden).

[3]) Vgl. die bei Poulsen, Dipylongräber und Dipylonvasen S. 99 citierten Terrakottapferdchen aus Eleusis.

[4]) Z. B. Dresden, Albertinum, Arch. Anz. 1902, 115, Nr. 22.

wohl auch Wagenpferde — Zwei-[1]), Drei-[2]) und Vierspänner[3]) — bedeuten.

Unterdrückt sind auch die Stränge, an denen nach archaischgriechischem Brauch die Beipferde ziehen müßten[4]), und ähnlich, wie an den Modellen der ersten Gruppe (*38—45*), die durch Vasenbilder derselben Zeit gutbezeugte Längsverbindung zwischen Vorderbrüstung und Deichselende. Bohrgänge oberhalb der Pferdemäuler (*48, 49*) sowie Löcher in den Händen des Lenkers (*48, 49*, vgl. oben S. 40 zu *40*) und im Joche (*48*) deuten darauf hin, daß ursprünglich das freie Riemenwerk der Anschirrung aus anderem Material hinzugefügt war, wie es ja noch häufig in späterer Zeit geschieht[5]).

Kurz hingewiesen sei noch auf jene kleinen geometrischen Votivgespanne, die in Böotien[6]), Attika[7]) und der Megaris[8]) gefunden wurden. In Thon geknetet, zeigen sie gewöhnlich einen

---

[1]) a) Wien, Österr. Museum. MASNER No. 31 Taf. 1. In Athen erworben. b) London, Brit. Mus. Gazette archéol. VIII 1883 Taf. 36 S. 225 f. Aus Athen. c) Berlin, Antiquarium. Inv. 3143, 6. vgl. Jahrb. d. I. III 1888, 247 No. 4 (ohne Nennung der Inventarnummer). Böotische Pyxis. An b und c ist auch der Bauchgurt durch einen Ornamentstreifen angedeutet.

[2]) Vom Dipylon: a) Athen, Collignon-Couve No. 275. Monum. d. I. IX Taf. 40, 2. b) Ebenda No. 276. RAYET-COLLIGNON, Histoire de la céramique grecque Fig. 21, danach PERROT VII 183, 68. c) Berlin, FURTWÄNGLER, Vasensammlung No. 50. — Aus Griechenland: d) Dresden, Albertinum, Arch. Anz. 1902, 115 No. 21.

[3]) a) München, Sammlung Arndt, kurzer Führer (1908) S. 5; vom Dipylon. b) Paris, Louvre Inv. CA No. 47. Gazette archéol. XIII 1888 Taf. 26, 5 S. 180 (POTTIER). Böotisch. Ein ausgespartes, mit Fischgrätenmuster verziertes, rechteckiges Feld auf der Brust haben die vier Pferde der Deckelbüchse in Berlin, Antiquarium Inv. 3143, 1. Vgl. Jahrb. d. I. a. ob. Anm. 1. zu c) a. O.

Den attischen verwandte Deckelbüchsen aus Eretria citiert KURUNIOTIS Ἐφημ. ἀρχ. 1903, 10.

[4]) PERDRIZET (zu *49*) S. 59 ist im Irrtum, wenn er die Beipferde nur am Jochende befestigt wissen will.

[5]) z. B. Olympia, Ostgiebel des Zeustempels, TREU, Olympia III S. 57 f. mit Abb. 79 und 81; derselbe, Jahrb. d. I. X 1895 S. 31 und S. 8 (unter dem Text). Parthenonfries, MICHAELIS, Der Parthenon S. 247 zu XXII, XXIII. Fries des Poseidontempels von Sunion, Athen. Mitt. 1884 Taf. 18, 8 S. 350 (FABRICIUS).

[6]) Tanagra: Ἐφημ. ἀρχ. 1896, 64 (PERDRIZET), dasselbe nach Institutsphotographie N. M. 379 Jahrb. d. I. XIV 1899, 122, 26 (WOLTERS), von WINTER, Typen der figürl. Terrakotten I S. 262 irrtümlich als „Mann hinter zwei Pferden" angeführt. Angeblich aus Theben: WINTER, a. a. O. I S. 25 No. 5 b.

[7]) Menidi: WOLTERS a. a. O. S. 122. Eleusis: WINTER a. a. O. No. 2.

[8]) Megara: WINTER a. a. O. No. 5, wie mir Dr. ZAHN mitteilt, nicht im Berliner Antiquarium.

an die Hinterteile der vier nur ganz andeutungsweise als Pferde bezeichneten Zugtiere[1]) angebackenen Mann, der in mehreren Fällen seinen böotischen Schild auf dem Rücken trägt. Die Vereinfachung ist hier noch weiter getrieben, als an den oben besprochenen mykenischen Modellen *9—15*, die WOLTERS (oben S. 13) dazu verglich. Der Wagen fehlt vollständig[2]). Nach ihrer Bemalung mit stumpfen bunten Farben auf weißem Überzug (WOLTERS, Jahrbuch d. I. XIV 1899 S. 123) müssen auch diese Viergespanne relativ spät sein.

Bevor auf die Wiedergabe des helladischen Typus in der Flächenkunst eingegangen wird, muß hier ein Stück eingeschaltet werden, welches die Besonderheiten beider besprochenen Typen in sich vereinigt.

52. Thonmodell „aus Griechenland", Louvre, Inv. CA 477. Bulletin de corr. hell. XXIV 1900, 517 Fig. 3 (POTTIER). Ich verdanke der Güte des Herausgebers eine Photographie und erläuternde Notizen.

An das unter der Deichsel befestigte, an den Enden leicht aufgebogene Joch (vgl. *48, 49*) sind zwei Pferde gespannt. Sie ziehen einen Wagen, auf dem, wie auf *50*, ausnahmsweise links (vgl. oben *18* und S. 14 zu *9*), der Lenker, rechts ein Krieger stehen, deren Rüstung (Rundschild des Hopliten, langer Chiton und böotischer auf dem Rücken hängender Schild des Lenkers) uns von *49* her bekannt ist. Mit diesem Modell hat das Pariser Stück auch die Abteilung im Inneren des Wagens (oben S. 44 f.) und das sehr niedrige, ebenfalls bis zum oberen Rande der Verschalung reichende Rad gemein, auf dessen Scheibe, wie Reste lehren, die Speichen aufgemalt waren (vgl. S. 35 und das S. 43 erwähnte Modell in Hannover).

Vom „ägyptischen" Typus ist die einheitliche Krümmung des

---

[1]) Nur an einem Exemplar ist durch Hinzufügung eines dicken, um die Hälse aller vier Pferde gehenden Halfters das Viergespann als solches näher charakterisiert. MARTHA, Catalogue des figurines en terre-cuite du musée de la soc. archéol. No. 417. WINTER a. a. O. No. 4 (aus Theben). Vgl. PERDRIZET Ἐφημ. ἀρχ. 1896, 63 Anm. 13.

[2]) Die oben S. 35 Anm. 2 erwähnten Zweigespanne, die gleichfalls den Wagenkasten vermissen ließen, hatten wenigstens die Räder nicht unterdrückt. Vgl. auch die einer späteren Kunstperiode angehörende Eretrische Terrakotta in Athen, Bulletin de corr. hell. XXII 1898, 416, 2 (DE RIDDER), Ἐφημ. ἀρχ. 1899, 28, 2 (HUTTON).

Grundrisses übernommen, die der Geländerbügel mitmacht. Seine Mitte liegt, wie dort, auf einer Stütze auf. Nach hinten senkt er sich jederseits kaum merklich und zieht sich, nach Art der Bügel von *49*, *50* über das Trittbrett ausladend, nach unten hin ein. Seine Enden stoßen mit der festen Brüstung zusammen. An den Seiten, senkrecht über der central stehenden Achse, finden sich die um den Bügel geschlungenen Verbindungsriemen von *49* wieder, die vom festonförmigen, durch einen Farbstreifen (in der Abbildung schraffiert) hervorgehobenen oberen Rande der wohl ledernen Verkleidung ausgehen. Schließlich erinnert der Knick der hier richtig am Bodenrahmen befestigten Deichsel an die Modelle *48* und *49*. Leider ist der Fundort des Pariser Stückes nicht bekannt, der vielleicht Aufschluß darüber geben könnte, wo sich der südlichere (Peloponnes, Kreta) und der nördlichere (Attika, Böotien) Typus derart kreuzen konnten. Wichtig ist das Modell auch als Ausgangspunkt für eine numerisch und lokal begrenzte Gruppe archaisch-griechischer Wagendarstellungen.

b) Flächendarstellungen.

Auf den Vasen sind Wagen in zwei verschiedenen Arten der Projektion dargestellt, woraus sich ihre scheinbaren Unterschiede, wie in der Form des Wagenkastens und in der Zahl der Räder, erklären. Die Untersuchung wird aber lehren, daß immer nur derselbe, im Prinzip von den Modellen *48—51* her bekannte Typus gemeint ist.

Ein solches Modell, in rein geometrischer Seitenansicht gezeichnet, würde folgendes Bild ergeben: über dem Centrum des einen sichtbaren Rades (vgl. *46, 47*) wäre die diesseitige Seitenverkleidung und der Bügel darüber in voller Vorderansicht zu sehen, während die Vorderwandung mit dem zugehörigen Bügel in strengem Profil nur eine senkrechte Linie ergeben müßte.

Es wird sich empfehlen, von dieser Projektion auszugehen.

α) **Wagen in absoluter Profilansicht und entwicklungsgeschichtliche Vorstufen dazu.**

53. Amphora in Eleusis. Jahrbuch des Inst. XIV 1899, 194, 57 (WIDE). Skizze von Herrn Dr. GROPENGIESSER.

54. Bruchstück eines geometrischen Gefäßes in Karlsruhe, Vereinigte großherzogliche Sammlungen, B. 2676. Rest eines nach rechts fahrenden Gespannes. Der Lenker nackt, in der Rechten die Zügel, in der Linken das Kentron haltend. Skizze von Professor STUDNICZKA.

55. Amphora aus Eretria, Athen. 'Εφημ. ἀρχ. 1903, 13, 7 (KURUNIOTIS). Wahrscheinlich attischer Import (KURUNIOTIS S. 24). Eine Photographie verdanke ich Herrn Dr. GROPENGIESSER.

56. Krater vom Dipylon, aus Grab III der Zählung von BRÜCKNER und PERNICE. Athen, COLLIGNON-COUVE No. 215. Skizze der ganzen Vase PERROT VII, 56, 4 und Athen. Mitt. XVIII 1893, 92 Fig. 4 (BRÜCKNER und PERNICE); Beschreibung ebenda S. 106. Der Wagenfries gleichfalls von Dr. GROPENGIESSER photographiert.

57. Fragmentierte Dipylonamphora, 1907 im Kunsthandel. Die Kenntnis des Stückes verdanke ich Herrn Dr. ZAHN. Auf dem einzigen umlaufenden Bildfries des Bauches Wagenzug nach rechts. In jedem Wagen steht ein nackter Lenker.

58. Amphora aus Attika, Athen, Nationalmuseum. COLLIGNON-COUVE No. 198. Jahrbuch des Inst. XIV 1899, 193, 56 (WIDE).

59. Bruchstück einer großen Vase aus Delphi. Fouilles de Delphes V S. 139 No. 57 Fig. 536 (PERDRIZET).

60. Lebes aus der Nähe von Theben, London, Brit. Museum. Journal of hell. studies XIX 1899 Taf. 8 S. 198 (MURRAY). Danach ein Gespann hier Taf. 4. POULSEN, Dipylongräber und Dipylonvasen S. 125.

61. Fragment in Karlsruhe, B. 2675. Reste eines Wagenzuges nach rechts. Erhalten der Wagen des einen und die Pferde des anderen Gespannes. Eigene Skizze.

62. Attische Amphora, Berlin, Antiquarium Inv. 3203. Jahrbuch des Inst. VII 1892, Anz. 100 No. 4 (FURTWÄNGLER). Vgl. Athen. Mitt. XVIII 1893, 143 f. (BRÜCKNER und PERNICE).

63. Bruchstück vom Bauche einer großen Amphora aus Ägina. FURTWÄNGLER, Ägina, Heiligtum der Aphaia Taf. 125, 7. Text S. 436, 22 (THIERSCH), vgl. S. 474 (FURTWÄNGLER).

64. Argivisch-geometrische Scherbe, gefunden beim Heraion von Argos. WALDSTEIN, The Argive Heraeum II. Taf. LX 19a, beschrieben S. 164, vgl. S. 159. Genaue Skizze von Herrn Dr. ZAHN.

65. Spätgeometrische Amphora in Athen. COLLIGNON-COUVE No. 196 Taf. XI; Jahrbuch d. Inst. XIV 1899, 197, 61 (WIDE). Der Wagenfries allein: Archäol. Zeitung 1885, 139 (FURTWÄNGLER), danach REICHEL, S. 124, 66. BRUNN, Griech. Kunstgeschichte I, 131, 100. PERROT VII 226, 98.

66. Spätgeometrischer Kessel aus Athen. COLLIGNON-COUVE No. 467 Taf. XIX. Athen. Mitt. XVII 1892 Taf. 10 S. 205 ff. (PERNICE). Photographie durch die Liebenswürdigkeit des Herausgebers.

67. „Frühattische" Amphora vom Hymettos, Berlin. FURTWÄNGLER, Beschreibung der Vasensammlung No. 56. Jahrbuch d. Inst. II 1887 Taf. 5 S. 43 (BÖHLAU).

68. Pyxis der Phalerongattung, Athen. COLLIGNON-COUVE No. 424. Jahrbuch des Inst. II 1887 S. 55 No. 13. Fig. 19 und 20. (BÖHLAU). Wohl identisch mit dem von FURTWÄNGLER, Bronzefunde aus Olympia (1879) S. 46 Anm. 1 erwähnten Gefäß „mit vier primitiven Gespannen".

69. Krater der Phalerongattung, München. Jahrbuch d. Inst. XXII 1907 Taf. 1 S. 78 ff. (HACKL).

Zwei Stücke seien der Vollständigkeit wegen hier angeschlossen:

Bronzerelief, à jour gegossen, aus der Zeusgrotte am Ida. Museo italiano di antichità classica, Atlas Taf. XI, 2. Text II S. 728, 1, vgl. S. 889 ff. (HALBHERR und ORSI). PERROT VIII 421, 198. Archiv für Religionswissenschaft VIII 1905, Beiheft für H. Usener, S. 54 ff. Taf. I Fig. 2 (KARO). RUD. KITTEL, Studien zur hebräischen Archäologie und Religionsgeschichte (Beiträge zur Wissenschaft vom alten Testament, Heft 1) S. 194 Abb. 38. Das Stück wird sich stilistisch eher an diese spätere Gruppe anreihen lassen, als an die ältere. Der Wagen ist bis auf das Rad vollständig unterdrückt, die beiden Krieger auf eine die Stelle der Deichsel einnehmende schräge Stange gestellt, wozu die cyprisch-geometrische Gemme FURTWÄNGLER, Gemmen I Taf. IV 53, Bd. III S. 62 zu vergleichen ist.

Skarabäoid aus Korinth, Berlin. FURTWÄNGLER, Die geschnittenen Steine im Antiquarium No. 69 Taf. 2, derselbe, Gemmen I Taf IV 46 vgl. Bd. III, 61 mit Fig. 48. Zu sehen sind nur vier Pferde in Vorderansicht und zwischen den beiden mittleren ein Complex von drei senkrechten zwischen zwei wagerechten Strichen. Vgl. DELBRÜCK, Linienperspektive S. 18 f.

Die Mehrzahl der oben aufgezählten Gefäße (*53—69*) ist in Attika gefunden; dazu kommen als sicher attischer Import die in Ägina gefundene Scherbe (*63*), der Lebes in London (POULSEN zu *60*) und wohl auch die Amphora aus Eretria (*55*). Epichorisch argivisch ist die Scherbe vom Heraion (*64*), unattisch wahrscheinlich auch die aus Delphi (*59*). Den Ausläufern des Dipylonstiles werden noch ein „frühattisches" (*67*) und zwei zur Phalerongattung gehörende Gefäße (*68, 69*) angeschlossen.

Der Wagenkasten ist nur auf den jüngsten Stücken (*67, 69*) in seiner richtigen Lage zur Achse gezeichnet oder, da er doch vom Rade überschnitten wird, unterdrückt (*65, 68*). Sonst ist er stets über die Räder emporgehoben, welche in genauer Deckung als eines dargestellt zu werden pflegen (vgl. oben S. 40). Nur auf *53, 61, 62, 65* hat der Maler auch das zweite Rad sichtbar zu machen versucht, indem er in das diesseitige einen kleineren concentrischen Kreis einschrieb[1]). Ob sich daraus auch die Verdoppelung der sonst üblichen Vierzahl der Speichen auf *62* erklärt, ist fraglich. Die Möglichkeit eines solchen perspektivischen Versuches ist jedenfalls nicht von der Hand zu weisen, da sich in jener Zeit das achtspeichige Rad des Ostens im Mutterlande und seiner nächsten Umgebung sonst schwerlich nachweisen läßt. Die Knaggen treten an den Speichen der meisten Räder auf (*55—58; 63, 64, 66—68, 69*), sie fehlen auf *60—62, 65*.

Der Wagenkasten, von derselben rechteckigen niedrigen Form, wie der der Modelle, ruht central auf der Achse. Unbedeutende Verschiebungen nach vorne (*61, 62, 63*, ein Gespann auf *67*) und hinten (*56—58*) werden nicht beabsichtigt sein. Einmal (*55*) ist die Seitenwand des Kastens horizontal zweigeteilt, unten massiv, oben schräggegittert, etwa geflochten (?)[2]). Auch der Maler von *53* gliedert den Kasten in zwei wagerechte Streifen und füllt den unteren mit senkrechten, den oberen mit Zickzacklinien. Vielleicht gehört auch der Zickzackstreif auf *64* in diesen Zusammenhang.

---

[1]) Ähnliche Fälle desselben Verfahrens aus späterer Zeit: a) Schulterbild einer korinthischen Amphora in Athen, COLLIGNON-COUVE No. 557 (Skizze von Dr. KURT F. MÜLLER), wohl ein Überlebsel geometrischer Kunstart und b) italischer Becher des vierten Jahrhunderts, 1905 im Kunsthandel, Mélanges Nicole Taf. II, 1 S. 159 ff. (FURTWÄNGLER). Der dem Radkranz parallel gezeichnete, vom hinteren Brüstungsrande ausgehende Halbkreis wird kaum anders verständlich sein. Die äußerst primitive Mache des Bildes erklärt die Zuflucht zu diesem Mittel. Ähnlich mögen gallische Münzbilder, wie z. B. HUCHER, l'art gaulois I Taf. 34, 1; 68, 1; 85, 2 II S. 13 No. 16; S. 96 No. 155 zu verstehen sein, wenn dort nicht ein doppelter Radkranz, wie sicher I Taf. 37, 1; 57, 1; 97, 1 und 2 II S. 27 No. 38 gemeint ist.

[2]) Vgl. die Wagen auf melischen Vasen: CONZE, Melische Thongefäße Taf. 4, Ἐφημ. ἀρχ. 1894 Taf. 13, wo Geflecht und feste Verkleidung den Platz gewechselt haben.

Auf *55* wird mit dem kleinen am hinteren Rande der Brüstung etwa in Höhe des Deichselansatzes hervortretenden Dorn, der von einem kurzen senkrechten Stäbchen begrenzt ist (ebenso an einem Wagen auf *57*, dann *69* und unten auf *78*, *79*) der Bodenfortsatz der Modelle (oben S. 36 und 45) gemeint sein. Für eine Stufe, wie sie der Herausgeber von *55* vermutet, ist er viel zu klein und bei dem dazu verglichenen melischen Vasenbilde 'Εφημ. ἀρχ. 1894 Taf. 13 denkt man eher an einen Stachel, der das Umkippen des Wagens nach hinten verhindern soll, wie ihn die Wagen auf der ionisch-italischen Kanne in Erlangen[1]) und, zum Ornament umgestaltet, einige Gespanne auf klazomenischen Sarkophagen[2]) zeigen.

Die oben geschilderte Projektion ist auf *53* allein genau befolgt, der Vorderbügel ganz im Profil, als Senkrechte, gezeichnet. Im Gegensatz zu den Modellen überragt er das Seitengeländer fast um das Doppelte, wie es später am archaischen mutterländischen Wagen üblich bleibt. Das gleiche Verhältnis zeigen von den übrigen Darstellungen nur etwa *69* und ein Gespann auf *67*, also junge Stücke. Sonst ist der Unterschied kleiner, immer aber, mit Ausnahme von *56*, ist der Vorderbügel höher. Zumeist ist er als Schleife gezeichnet und vorn auf den Wagenkasten gesetzt. Der Seitenbügel überschneidet nur in wenigen Fällen (*61—63*, *67—69*) der Wirklichkeit gemäß die Figur des Lenkers. Er hat, ausgenommen *68* und *69*, die elliptische Form, die das Modell *49* bietet, und trifft den Vorderbügel etwa in seiner Mitte. Ausnahmsweise, an einem Gespann auf *67*, erfolgt der Zusammenschluß von Seiten- und Vorderbügel erst an der Basis, wie an den Modellen *48* und *50*. An beiden Wagen auf dieser Vase sind die Seitenbügel concentrisch angeordnet, wie unten auf *76* (vgl. die Zeichnung der Räder oben S. 53). Die richtige Projektion wird auch auf *56* und *57* vorliegen; die scheinbare Trennung von Vorder- und Seitenbügel ist nur durch das Hinaufrücken des Wagenkastens verursacht, das der Maler, um die Radform zu voller Geltung zu bringen, vornahm. Der auf *56* dem hinteren Kastenrande parallele Strich darf dann wohl mit der senkrechten Bügelstütze (vgl. Modell *50*) gleichgesetzt werden.

In geringerem Grade entspricht es einer consequent durch-

---

[1]) Jahrbuch d. Inst. XIX 1904 Anz. S. 61 Abb. 1 (BULLE).
[2]) Z. B. Antike Denkmäler d. I. I Taf. 44; MURRAY, Terracotta Sarcophagi in the British Museum Taf. II, III, VI.

geführten Seitenansicht, wenn die ovalen Bügel auf *64* den Lenker nur an ihrer Basis überschneiden, ohne miteinander in rechten Zusammenhang gebracht zu sein. Dieser fehlt auf den übrigen Darstellungen vollkommen. Der Seitenbügel wird, wie der Vorderbügel, zu einer engen Schleife zusammengezogen und weicht immer weiter nach hinten (*58*), bis er am Rande des Kastens anlangt (*54, 55*[1]), *59, 60, 65, 66*). Dadurch wird die Figur des Lenkers völlig sichtbar gemacht.

Die Deichsel ist nur noch auf *65* und an einem Wagen auf *62* geknickt, sonst läuft sie schräg nach oben und endet einmal (in einem Gespann auf *67*) „in die Andeutung eines Tierkopfes mit hohem Kamme oder Ohre" (FURTWÄNGLER zu *67*; vgl. den χηνίσκος von *49*, oben S. 47). Mit Ausnahme von *55* und *56* setzt sie, um deutlich gesehen zu werden[2]), zu hoch an der Vorderbrüstung an, zweimal (*58*, ein Gespann auf *68*) sogar direkt am Bügel.

Nur so war es möglich, auf *53, 55, 57, 58, 66* auch ein schräges Spreizenpaar in Aufsicht wiederzugeben, das in seiner Bestimmung mit der ägyptischen steilen Riemenverbindung (oben S. 38) verglichen werden kann. Daß es nicht etwa, wie z. B. am cyprischen Bleimodell CESNOLA, Salaminia Taf. VI 1 b, mit der Deichsel in einer Ebene lag, sondern schräg zum Wagenkasten anstieg, lehren die Seitenansichten unten *78* und *79* (beide Spreizen sichtbar). Auf *64* erinnert der eigenartige Bau der Deichsel an die Construktion der Bauernwagen, wo Deichsel und Mittelstab des Bodengerüstes aus einem Stück bestehen[3]). Auch sonst zeigt dieses Wagenbild Eigenheiten, die vielleicht durch den Einfluß eines lokalen Typus erklärlich sind: so die etwas plumpe Form der Bügel, die merkwürdige knopfartige Endigung des Jocharmes und

---

[1]) Vom Herausgeber richtig als Seitenbügel gedeutet, aber die Schleifenform auch für das Vorbild angenommen.

[2]) Vgl. St. S. 179 (zu den phönikischen Silbergefäßen), St. 30 S. 187.

[3]) Journal of hell. studies XXIII 1903 S. 135 (LORIMER). Vgl. besonders das oben citierte cyprische Bleimodell (LORIMER S. 136), den etruskischen Bronzekarren in Brit. Museum, WALTERS, Catalogue of bronzes Taf. XII, REINACH, Répertoire de la statuaire III S. 77, 5 (LORIMER S. 135), die Schale Campana mit dem Amphorentransport im Louvre (DAREMBERG-SAGLIO, Dictionnaire I 249, 285, BAUMEISTER, Denkmäler Taf. I (zu Bogen 1) 13a, SCHREIBER, Kulturhistor. Bilderatlas Taf. 62, 10) und die chalkidische (?) Amphora Brit. Mus. B 17 (LORIMER S. 139 Fig. 6).

nicht zum mindesten das Fehlen des Stranges[1]), der an allen übrigen Wagen dieser Gruppe Deichselende und Vorderbrüstung verbindet[2]). Die drei (*60*) oder vier (*69*) von ihm herabhängenden Parallelen sind die letzte Reminiscenz an den orientalisch-mykenischen Bänderschmuck (oben S. 5, 12, 25). Zu den Eigentümlichkeiten von *64* zählt vielleicht auch das übermäßig lange Kentron.

Spätgeometrischer Kastenwagen.

Ein vereinzeltes Beispiel des Kastenwagens aus dieser Zeit bietet die

70. Spätgeometrisch-kretische Hydria aus Kavusi im Museum von Candia, American Journal of Archaeology 2. Ser. V 1901 Taf. III S. 145 ff. vgl. S. 135 (BOYD). FÖLZER, Die Hydria S. 33 f. No. 14. Eine Pause verdanke ich Dr. K. HUBERT. Die Vase mag, da sie den Wagen in strenger Profilansicht gibt, der besprochenen Gruppe angereiht werden.

Zu dem bereits oben S. 11 über sie Gesagten soll folgendes hinzugefügt werden: Der Lenker ist über die Seitenbrüstung erhoben, wie diese über das sechsspeichige Rad, das durch seine kreisrunden Ausschnitte an einige Bronzerädchen aus Olympia und an die Räder des Thonmodells *49* erinnert (oben S. 33 und 46). Die Deichsel sitzt fast am oberen Rande des Wagenkastens an, durchschneidet den Pferdeleib in einem ausgesparten Streifen und verschwindet hinter dem Pferdehalse. Die Längsverbindung ist nicht angegeben, da Wagen, Lenker und Pferd in der Zeichnung dicht zusammengedrängt sind. Doch kann ihr Fehlen, wie auch die Sechszahl der Speichen, auf ägyptischen Einfluß weisen. Der Lenker hält in der Linken den Zügel, in der Rechten schwingt er ein kurzes Kentron, in dessen Mitte ein Haken zu sitzen scheint (so nach der Pause).

β) Wagenbilder, in denen die Einzelteile ohne Rücksicht auf den Zusammenhang und die Perspektive in ihrer charakteristischen Ansicht auseinandergelegt sind.

71. Krater vom Dipylon mit Darstellung der Ekphora, Athen, Nationalmuseum. COLLIGNON-COUVE No. 214 Taf. XII. Monumenti

---

[1]) Auf *65* will HELBIG, Hom. Epos² S. 141 Anm. 3 „sowohl eine Stange wie ein Seil" erkennen. Die Wellenlinie unter der Verbindung ist aber sicher nur ein Füllornament.

[2]) Gewiß nur aus Versehen fehlt er an einem der vier Gespanne auf der Phaleronpyxis *68*.

d. I. IX Taf. 39/40, Annali 1872, 142, 41 (G. HIRSCHFELD). SPRINGER-MICHAELIS, Handbuch der Kunstgeschichte I[8] 105, 217; PERROT VII 159, 42; BAUMEISTER, Denkmäler III 1943, 2071. Der Wagenfries bei PERROT a. a. O. 61, 7; REICHEL 124, 64; ein Wagen bei HELBIG, Hom. Epos[2] 138, 32, wonach hier Taf. 4.

72. Fragment einer Dipylonvase, Halle, Archäologisches Museum der Universität. Aus den Ausgrabungen, über die BRÜCKNER und PERNICE berichteten (Athen. Mitt. XVIII 1893, 73 ff.). Lebhaft hellroter Firnis auf warm gelbem Grunde. Bause von Professor STUDNICZKA.

73. Fragment in Halle, Museum der Universität. Herkunft wie 72. Schwärzlicher Firnis auf graulichem Grunde. Bause von Professor STUDNICZKA.

74. Bruchstücke einer großen Dipylonamphora, Leipzig, Archäologisches Institut der Universität. In Athen erworben. Zugangsverzeichnis 1908, 356 a—i. Thon rosa mit hellgelbem Überzug, von dem der schwarze Firnis größtenteils abgesprungen ist, weshalb sich die helle Zeichnung vor dem nachgedunkelten Hintergrunde abhebt. Sieben zusammenpassende Bruchstücke (a—g) geben einen Teil des Bildstreifens sowie ein beträchtliches Stück der geometrischen Dekoration darunter, umlaufende Streifen, dazwischen horizontaler Zickzack und vertikale Wellenlinien. Von der figürlichen Darstellung, einem Wagenzug nach rechts, sind erhalten: ein Zweigespann mit zwei Personen auf dem Wagen; vor den Pferden, ebenfalls nach rechts, drei stehende Krieger, darauf der hintere Teil eines zweiten Wagens mit den Resten eines Fahrenden. Gerüstet sind die Fußgänger und Wagenfahrer mit dem Dipylonschild, Schwert und zwei Speeren. An dem halbwegs erhaltenen Kopf eines Kriegers ist der herabhängende Helmbusch zu erkennen. Die Köpfe der beiden Krieger unmittelbar vor dem Gespann sind weggebrochen, ebenso die Pferdeköpfe und die Oberkörper der Fahrenden. Raumfüllend ist neben geometrischen Motiven der Wasservogel verwendet. Das Fragment h ist ein Halsstück mit Schulterrosette, i — ein Henkelstück mit Darstellung zweier Klageweiber.

75. Dipylonkrater im Louvre. POTTIER, Vases du Louvre A 517. Gesamtansicht des Gefäßes auf Taf. I „Salle A" rechts und Bulletin des Musées 1891, 437, 21. Mir liegt durch gütige Vermittelung POTTIERS eine Bause des einen Wagens vor. POULSEN, Dipylongräber und Dipylonvasen S. 124 mit Anm. 4.

76. Große Grabamphora „aus Theben". München. Katalog einer Sammlung griechischer Vasen etc. aus dem Nachlaß des... Professors Herrn P. M. (Auktion HELBING 1897) No. 1, mit Abbildung der ganzen Vase, von der mir durch Herrn Professor PERNICE eine Photographie vorliegt. Teile des Bildfrieses publiziert von LIPPOLD in den Münchener archäologischen Studien, dem Andenken Ad. Furtwänglers gewidmet S. 451 Fig. 21 und 22. Dorther auch das Citat der Publikation, die mir nicht zugänglich ist.

Die Mündung des sehr hohen Halses wird von zwei trochili gebildet; der Körper ist eiförmig mit zwei horizontalen Doppelhenkeln, der Fuß — ein nur wenig ausladender torusartiger Wulstring. Den Hals verzieren geometrische in Vertikalstreifen angeordnete Ornamente: concentrische Kreise, Mäander, Querstriche, Zickzacklinien; das Feld zwischen den Henkeln ist metopenartig eingeteilt, von Ornamenten sind verwendet: Reihen von gefirnisten Dreiecken, schraffierte Felder, Tangentenspirale, Zickzacklinien mit und ohne Dreieckfüllung in den Zwickeln und schraffierter Mäander. Die Mitte des Bauches nimmt der ringsherumlaufende Bildstreifen ein: Gespanne nach rechts, dazwischen stehende Krieger (nicht alles erhalten). Den böotischen Ursprung des Gefäßes bestätigt das achtarmige Hakenkreuz als Füllornament (POULSEN, Athen. Mitt. XXVI 1901, 34 f., derselbe, Dipylongräber und Dipylonvasen S. 121). Unter dem Bildstreifen das von Schwarzdipylonvasen und protokorinthischer Keramik her bekannte metopenartige Band aus gegenständigen gefirnisten Dreiecken zwischen senkrechten Strichgruppen. Der untere Teil des Gefäßes, ebenso wie Lippe und Henkel, ist gefirnist.

77. Scherbe einer kleineren Dipylonamphora vom Kynosarges, Sammlung der Britischen Schule in Athen No. 31. Annual XII 1905/06 p. 82 Fig. 2 (a); p. 86 f. (J. P. DROOP).

78. Große zweihenklige Dipylonamphora aus Athen. Höhe 0,76 m. HELBING, Auktionskatalog der Sammlung Karl Hartmann, München 1905 No. 197. Eine Photographie der nicht abgebildeten Seite verdanke ich Herrn Dr. ZAHN. Danach ein Teil des Bildstreifens hier Taf. 2. In der Form an die Amphora bei WIDE, Jahrbuch d. I. XIV 1899, 193 Fig. 54 erinnernd. Auf den Henkeln plastische Schlangen, wie auf 62 und 65.

79. Hohes halsloses Gefäß mit zwei die Mündung überragenden Horizontalhenkeln. Böotisch, angeblich aus Tanagra. Brüssel, Musée du Cinquantenaire, unediert. Mir liegen Photographien durch Herrn Professor PERNICE vor, außerdem durch Herrn Professor J. DE MOT eine Photographie nach der für den Brüsseler Vasenkatalog bestimmten Zeichnung und erläuternde Notizen. Mit dem Kantharos in Bonn, Athen. Mitt. XXVI 1901 Taf. 5 S. 33 ff. (POULSEN) verwandt, aber stilistisch fortgeschrittener. Anf der Schulter, von geometrischem Ornament eingefaßt, je ein Bildfeld mit grasenden Stieren. Der Bauch in mehreren Streifen übereinander dekoriert. Von oben nach unten: 1. Pferde nach rechts und ein Gespann nach rechts. 2. Wagenzug nach rechts. 3. Tierstreif: Rehe und ein Hirsch nach rechts. 4. Diagonales Netzmuster mit Punkten in den einzelnen Rauten, zum großen Teil ergänzt, wie auch der ganz gefirniste Teil bis zur Bodenfläche.

Weit schwieriger ist die Zeichnung dieser kleinen Gruppe von Wagendarstellungen (71—79) in die Wirklichkeit zurück zu übertragen. Schon über die Zahl der Räder hat man sich nicht einigen können und vielfach angenommen, daß in den Fällen, wo zwei Räder nebeneinander gezeichnet sind (71—77, auf 73 nicht erhalten) vierrädrige Wagen gemeint seien[1]). Aber zunächst sind vierrädrige Rennwagen einfach unerhört. Dann erscheinen auf 78 (Taf. 2) Wagen, deren Kasten mit denen von 71, 72, 74, 75, 77 mehr oder weniger genau übereinstimmend gezeichnet sind, mit nur einem Rad. Andererseits gibt das Ekphorabild einer Dipylonvase in Athen[2]) den Leichenkarren mit allen vier Rädern, gerade wie unsere Vasen den Rennwagen mit zweien. Wie die zwei Räder[3]) nebeneinander gezeichnet sind, wird bei diesen Wagen auch die Vorderbrüstung vorgeklappt und neben die Seitenbrüstung ge-

---

[1]) HIRSCHFELD und COLLIGNON-COUVE zu 71. WIDE, Jahrbuch d. Inst. XIV 1899, 204 vgl. MAU, unten Anm. 2.

[2]) BRÜCKNER und PERNICE, Athen. Mitt. XVIII 1893, 101 f. COLLIGNON-COUVE No. 199. KURT F. MÜLLER, Leichenwagen Alexanders S. 14 f. Photo im Leipziger Archäol. Institut. MAU (bei PAULY-WISSOWA, Realencyklopädie s. v. Bestattung S. 336) ignoriert den Unterschied in der Zahl der Räder, wenn er auf dieser Vase, wie auf 71, „vierrädrige Karren" sieht.

[3]) Vgl. LÖWY, Naturwiedergabe S. 11 mit Anm. 4. HELBIG, Hom. Epos² 139. DAREMBERG-SAGLIO, Dictionnaire II, 2 S. 1374 Anm. 12 (CUQ.). THRÄMER, Straßburger Festschrift zur 46. Versammlung Deutscher Philologen und Schulmänner, 1901, S. 307, Anm. 1. Der terminus ἅμαξα wird von ihm mit Unrecht auf den Leichenwagen des Krater 71 bezogen.

setzt¹) (vgl. *16*, *17* und wahrscheinlich *18—33*). Dadurch erscheinen sie länger als die Wagen auf den zuerst besprochenen Vasenbildern *53—70*, wo die Seitenbrüstung allein sichtbar war. Nur in diesem Sinne ist der von PETERSEN für den Wagen auf *71* gebrauchte Ausdruck „Langwagen"²) zulässig.

Der Wagenkasten ist folgendermaßen gezeichnet: auf *71, 72* und *74* ist die Seitenbrüstung ein oblonges Rechteck, dessen Langseiten mit ihrem einen Ende die hintere abschließende kurze Seite ein wenig überragen. Auf *78* springt nur unten das Trittbrett vor, wie es oben S. 54 beschrieben wurde. Das Rechteck ist entweder diagonal karriert (*71, 78*) oder annähernd senkrecht schraffiert (*72, 74*). Auf *78* erstreckt sich das schräge Liniennetz auch auf die vorgeklappte Vorderbrüstung (vgl. *59*), ein aufrecht stehendes Rechteck, das die Seitenbrüstung an Höhe beträchtlich überragt. Mäßiger ist dieser Unterschied an einigen Wagen auf *71*, die darin eher dem Modell *50* gleichen (oben S. 44). Doch ist hier die Vorderbrüstung ein voll ausgemaltes Feld, wie auf *72* und *74*, wo es aber nicht neben, sondern auf die bis zur Deichsel geführte Seitenbrüstung gesetzt ist³). Daher wird es dort auch nicht, wie auf *71* und *78*, von einem hufeisenförmigen Bügel bekrönt, der sich aber am hinteren Ende der Seitenbrüstung genau wie auf *71* findet.

Bei der Manier der Dipylonmaler, Dinge, wie z. B. das den Toten bedeckende Tuch in Prothesis und Leichenzug⁴), in Obersicht zu zeichnen, könnte vielleicht das oblonge Rechteck statt als Seitenbrüstung vielmehr mit REICHEL S. 124 Fig. 65 (vgl. S. 126) als Wagenboden mit Riemengeflecht aufgefaßt werden. Dafür spräche auf *71* das ebenfalls in Aufsicht gezeichnete Gurtenlager der Totenkline⁵) und die am hinteren Ende hervorragenden zwei Striche, die auch auf *72* und *74* wiederkehren und den Dornen am Trittbrett der Modelle entsprechen würden. Anderseits ist aber auf *78*, einem stilistisch freilich fortgeschritteneren Stück,

---

¹) DELBRÜCK, Linienperspektive S. 19.
²) Röm. Mitt. IX 1894, 267 Anm. 2.
³) Ebenso ist der Leichenwagen auf dem im Arch. Anz. 1890 S. 10 B, II, 2 beschriebenen Dipylonfragment in Bonn gezeichnet, von dem mir durch die Liebenswürdigkeit Professor LOESCHCKES eine Photographie vorliegt. Auch hier fehlt wieder der Vorderbügel.
⁴) KURT F. MÜLLER, Leichenwagen Alexanders S. 13.
⁵) Vgl. POULSEN, Dipylongräber und Dipylonvasen S. 122 f.

das rechteckig umrahmte Liniennetz schon durch die Zeichnung des Trittbrettes (oben S. 60) als Seitenbrüstung erwiesen. Sollte es da nicht zu gewagt sein, für *71*, *72* und *74* eine den Zusammenhang der Einzelteile des Wagens völlig aufhebende Darstellungsweise anzunehmen? Das Liniennetz als Flechtwerk zu deuten, wäre auch bei unserer Annahme nicht unmöglich: das im Osten häufige Korbgeflecht der Brüstung (N. S. 19, 28, 47 f.; St. S. 172, 192) läßt sich ja bis in die Zeit Gudeas zurückverfolgen (N. 20a S. 31 und oben S. 2); im mykenischen Kunstkreise ist es uns bereits begegnet (*1*, *2*), geläufig auch aus dem Epos[1]) und der Kunst des griechischen Ostens[2]), von der es die Etrusker übernehmen[3]). Auch die Zeichnung auf der Amphora *55* konnte so gedeutet werden: im Gegensatz zum festverschalten unteren Teil des Kastens schien der obere mit Flechtwerk überzogen. Der Gewinn der größeren Leichtigkeit, den eine solche Verkleidung mit sich brachte, ließ sie auch auf die Vorderbrüstung übertragen werden (*78* vgl. *59*). Doch läßt, wie bereits oben bemerkt wurde, die mannigfache Verwendung netzartiger Schraffierung im geometrischen Stil auch hier keine sichere Deutung zu.

Vielfach ist der hinten auf die Seitenbrüstung (*71*, *72*, *74* deutlich am Gespanne rechts) gezeichnete Bügel mißdeutet worden. Reichel hat ihn, in Übereinstimmung mit Helbigs Beschreibung (zu *71*), wie den vorgeklappten Vorderbügel auch um 90° herumgedreht (S. 124 Fig. 65) und dadurch einen Typus reconstruiert, von dem dasselbe gilt, was oben S. 6f. zu seinem „wannenförmigen" mykenischen Wagen bemerkt wurde, nur in erhöhtem Maße, da die für den Fahrenden unentbehrlichen Brüstungen zu ganz schmalen Leistchen zusammengeschrumpft sind. Der Bügel ist m. E. sicher das in Vorderansicht gezeichnete Geländer der Seitenbrüstung (vgl. Kuruniotis zu *62*), das der Maler, um die Figuren nicht zu überschneiden, vom Vorderbügel trennte und hinten auf die Seitenbrüstung setzte. Daraus erklärt sich seine Hufeisenform.

Das gleiche Auseinanderzerren von Vorder- und Seitenbügel zeigt *75*, wo auf eine Wiedergabe der Struktur der Brüstungen

---

[1]) Helbig, Hom. Epos² 127 Anm. 11 vgl. 142. Reichel S. 125 f.
[2]) z. B. Thonrelief Luynes, Gazette archéol. 1883 Taf. 49; s. oben S. 14, Anm. 1.
[3]) z. B. etruskisches Bronzeblech abgeb. bei Max. Mayer, Giganten und Titanen Taf. I 2. Ein gleiches Exemplar im Münchener Antiquarium. Wandgemälde der Tomba delle bighe Helbig, Hom. Epos² S. 141 f. Fig. 35 u. 36.

verzichtet ist. Die Gesamtsilhouette des Wagenkastens ist am besten mit 72 und 74 zu vergleichen. Die unter dem Wagenboden bis zu den Rädern herabgeführte vertikale Strichelung, die von einem hängenden schraffierten Dreieck unterbrochen ist, halte ich für ein Füllmuster, das sich auf dieser Vase selbst in die Speichenzwischenräume eindrängt. Ähnlich kehrt sie an einem Gespann auf 79 wieder. An einen Fransenbehang, wie er vereinzelt in Nordsyrien (N. 50 Taf. 8 St. 10), auf einer phönikischen Schale (St. 27 S. 181) und vielleicht auf einem Goldblech aus dem südrussischen Tumulus Karagodeuaschch in der Ermitage[1]) vorkommt, ist in beiden Fällen nicht zu denken. Beachtenswert ist, wie der Maler auf 75 die Ausladung des Seitenbügels durch Schrägstellung der Schleife anzudeuten versucht, ohne dabei vor der Durchschneidung der beiden Speere zurückzuschrecken (vgl. dagegen 71). Auch die Füße der Fahrenden läßt er hinter dem oblongen Teil des Wagens verschwinden, wodurch die oben vorgezogene Auffassung des liegenden Rechtecks als Seitenbrüstung bestätigt wird. Desgleichen scheinen auf 77 links die Beine des Lenkers hinter der Horizontalen ganz zu verschwinden. Auf 71, 72, 74 und 78 steht der Lenker dagegen noch auf dem oberen Rande der Brüstung, wie auf der einen späten mykenischen Stele 4 und der kretischen Hydria 70.

Für die Bügel gibt 78 (Taf. 2) allein den wirklichen Tatbestand wieder: der Seitenbügel setzt hinten an der oberen Ecke der mit einem Netzmuster überzogenen Brüstung an, geht über die Figur des Lenkers hinweg und greift in den Rand der Vorderbrüstung ein. Dasselbe versucht der Maler von 79 an einigen Wagen darzustellen, doch unterläßt er die Angabe der Seitenbrüstung neben der in voller Vorderansicht gezeichneten Vorderbrüstung mit ihrem Bügel. Daher schließen sich beide Enden des Seitenbügels direkt an diese an und sie allein durchschneiden die bis unten sichtbare Lenkerfigur im langen Chiton. Daß der Maler sich keine klare Rechenschaft von dem gab, was er darzustellen hatte, zeigen andere Gespanne der Vase, an denen Vorder- und Seitenbügel ganz summarisch mit einem Strich gezogen sind.

Am Leichenwagen auf 71 fehlen beide Bügel. Professor

---

[1]) Materialien zur Archäologie Rußlands Bd. 13 Taf. III 1 S. 159 f. (MALMBERG). Der Herausgeber denkt an einfaches Füllornament.

STUDNICZKA vermutet[1]), sie seien bei Benutzung des Streitwagens als Leichenfahrzeug abgenommen worden[2]), um bei Herrichtung des Unterbaues für die Totenkline nicht hinderlich zu sein. Auf 77, wo der ganze Wagenkasten nur schematisch durch die Hauptlinien kenntlich gemacht ist, wird man ihr Fehlen der rohen Arbeit zu gute halten müssen. Oder soll eine Art Bügel mit dem über dem Ende der Längsverbindung gezeichneten gegitterten Rhombus am Wagen rechts gemeint sein?

Singulär ist die Art, wie der Maler von 76 den Wagenkasten gestaltet hat. Auch er zeigt die Vorderbrüstung, die jedoch nur aus einem hufeisenförmigen, mit dem vorderen Schenkelende merkwürdig nach außen umbiegenden Bügel gebildet ist, in Vorderansicht (vgl. 56). Die Fahrenden, Lenker und Krieger, stellt er nicht mehr oben auf die Seitenbrüstung, sondern auf den Wagenboden, wobei er die unteren Partien des mit langem Chiton bekleideten Lenkers in der voll ausgemalten Fläche der Seitenbrüstung verschwinden läßt, während der Hoplit auf dem nach hinten verlängerten Trittbrett stehend sichtbar bleibt (vgl. 46). Zwischen beiden sind die Seitenbügel in concentrischer Anordnung, wie auf 67, eingeschoben. Ob die zwei dem oberen Rande der Seitenbrüstung parallel gehenden Horizontalen als Verstärkungen irgend welcher Art oder als Fortsetzung der Seitenbügel aufzufassen sind, bleibt unklar.

Die Deichsel der Wagen auf 76 setzt, wie auf 75, 77, 78, 79, richtig unten am Wagenkasten an. Während sie aber dort (mit Ausnahme von 79) schräg nach oben geführt wird (oben S. 55), geht sie hier in der Richtung des Wagenbodens eine Strecke lang vor und nur eine sehr schwache Krümmung läßt sich eben noch zwischen den Hinter- und Vorderbeinen der Pferde feststellen. Diese Eigenheit, die auf 79 wiederkehrt, wird durch den weiten Abstand zwischen Wagen und Zugtieren bedingt sein, der von den schräg nach hinten stehenden, nach ihrer Spitze zu

---

[1]) Bei KURT F. MÜLLER, Leichenwagen Alexanders S. 11. BULLE, Jahrbuch d. Inst. XXI 1906 S. 54 Anm. 1 übersieht das, wenn er meint, „das ‚Brett' mit der Kline darauf könnte sich auf dem oben abgerundeten Geländer des Wagens (man vergleiche die gleichen Wagen der Rückseite) überhaupt keinen Augenblick halten". Seinem Gedanken, hier seien Ekphora und Prothesis auf ein Bild zusammengezogen, kann ich nicht beistimmen.

[2]) Über das Zerlegen des Wagens in seine Teile s. oben S. 16.

sich verbreiternden Pferdeschwänzen[1]) ausgefüllt wird. Die Spreizen, welche auf *78* und *79* Vorderbrüstung und Deichsel verbinden, sind bereits oben S. 55 besprochen. Auf *71*, *72* und *74* zweigt sich die Deichsel erst oberhalb des festen Teiles der Vorderbrüstung ab und ist hoch über die Pferderücken emporgehoben, denen sie fast genau parallel geht. Darin wird wieder, wie auf mykenischem Gebiet (S. 3), viel eher ein naiver Notbehelf zu ihrer Verdeutlichung, als eine Wiedergabe der Wirklichkeit zu erblicken sein. Möglich, daß eine Andeutung ihres Emporknickens (oben S. 47 und 55) damit verbunden werden sollte. Der schräg nach oben gerichtete Stab, der auf *71* und *75* hinter den Pferdehälsen hervorschaut, und auf *71* eine dreieckige Öse[2]) bildet, wird eher den Jocharm bedeuten, als das Deichselende, für dessen Umbiegen der Knick zu scharf erscheint (vgl. die Modelle *48*, *49*). Auf *78* wechselt der gerade in die Höhe ragende Deichselausläufer freilich mit mehreren recht stark zurückgebogenen ab (s. Taf. 2), was sich auf *77* wiederholt. Auf der Scherbe *73* aber, die durch die Füllornamentik und den sehr stark ausgeschnittenen Dipylonschild des vor dem Zweigespann sichtbaren Kriegers stilistisch vielleicht am nächsten an *53* herangerückt wird, läuft die Deichsel in einem eleganten S-förmigen Schwung aus (vgl. *57*, *67*).

Die Längsverbindung zur Vorderbrüstung fehlt bloß auf *71*, *72* und *74*, vielleicht nur, weil das Ungeschick des Malers die Deichsel selbst zu hoch gebracht hatte und er, eine Collision fürchtend, sie zu zeichnen unterließ.

Die meisten Wagen sind Zweispänner. Die zwei Pferde sind entweder voreinandergeschoben, wie DELBRÜCK sagt, durch „seitliche Staffelung"[3]) (*59*, *65—67*, *71—79*), oder es ist, wie beim Räderpaar (S. 53), nur eines gezeichnet (*53—58*, *60—64*, *69*), wobei mehrfach drei (*61—64*, *76*), meist zwei (*53—58*, *71*, *72*, *77*) oder vier (*60*, *67*, *69*, *75*, *78*, *79*) Zügel zur Darstellung kommen.

---

[1]) Sie scheinen, im Gegensatz zu den gleichmäßig dünnen, schnurgerade herabhängenden Schwänzen der Dipylonpferde, eine böotische Stileigentümlichkeit zu sein.

[2]) Nach HELBIG, Homer. Epos² S. 147 eine „keilförmige Schwellung" des Deichselendes.

[3]) DELBRÜCK, Linienperspektive S. 18. LÖWY, Naturwiedergabe S. 11 Anm. 2 hat m. Er. Recht, wenn er gegen DELBRÜCK annimmt, das jenseitige Pferd sei nicht in Vorderansicht neben das vordere gerückt.

Das Viergespann, das wir an den späten Modellen fanden, tritt uns auch erst auf den jüngsten Vasen (*65*, *66*) entgegen. Auf *65* wechselt es noch mit Zweigespannen ab und ist in „seitlicher Staffelung" gezeichnet. Ebenso das nur durch ein sicheres Beispiel bekannte Zweigespann mit Beipferd auf dem Bruchstück eines Dipylonkraters im Louvre[1]), das die mykenische Kunst nicht kennt. Dreigespanne wird der Maler von *68* gemeint haben, wenn er den einen Pferdeleib regelmäßig mit drei Schwänzen ausstattete, dem Lenker je drei Zügel in die Hand gab und an einem Gespann wenigstens noch einen zweiten Kopf über dem ersten anbrachte. Auch als plastische Deckelgruppe kommen drei Pferde vor (S. 48).

Zum Schluß sei noch die durchgängige Ausrüstung des Lenkers mit dem mitunter sehr langen (*64*, S. 56) Kentron erwähnt.

Ergebnis. Die Denkmäler der geometrischen Periode stellen zwei wesentlich voneinander verschiedene Wagentypen dar. Der typengeschichtlich ältere, am klarsten in den Bronze- und Thonmodellen aus Olympia (*38—44*) und einem attischen Vasenbilde (*46*) kenntlich, ist durch seinen vorne abgerundeten Grundriß, die Brüstung aus Stangenwerk, das vierspeichige Rad und die centrale Stellung auf der Achse als ein dem ältesten ägyptischen Typus gleichender gekennzeichnet. Dabei weist das Erscheinen der Längsverbindung zwischen Deichselende und Wagenrand (*46*, *47*), auf den Wagentypus der mykenischen Gemmen *6—8* zurück, nur daß dort der Kasten in der Regel völlig verkleidet war (vgl. S. 12). Zu dem sechsspeichigen, normal ägyptischen, aber auch syrisch-hethitischen Rad (St. 4—7, 11a), mit dem das späteste Beispiel dieses Typus (*47*) ausgestattet ist, bieten in der Altis von Olympia gefundene Bronzerädchen eine Parallele. Diese Erscheinung wird sich kaum anders als durch direkten Verkehr mit Syrien erklären lassen. Vielleicht spielte Kreta dabei eine Mittlerrolle, wo für spätere Zeit die Hydria *70* das sechsspeichige Rad bezeugt.

Dem ägyptischen Typus gegenüber steht der rechteckige helladische Bügelwagen (Modelle *48—51*, Vasenbilder *53—69*, *71—79*), der bereits auf spätmykenischen Vasenscherben vermutet

---

[1]) POTTIER, Vases antiques du Louvre I A 541 Taf. 20, citiert bei DELBRÜCK a. a. O.

werden konnte. Sein eckiger Grundriß läßt sich aber über ältere mykenische Beispiele bis zum orientalischen Kastenwagen zurückverfolgen. Aus diesem oder vielleicht noch eher aus dem einheimischen Bauernwagen — von gleicher Kastenform wie der Rennwagen der kretischen Hydria (70) — wird durch Hinzufügung eines Bügelgeländers der helladische Typus entstanden sein. Das alte mykenische vierspeichige Rad behält auch er bei, das achtspeichige (62) ist vielleicht nur eine scheinbare Ausnahme (S. 53). Eine Entwicklung innerhalb des Typus zeigt sich nur in der Erhöhung des Vorderbügels gegenüber den ursprünglich ihn überragenden oder mit ihm gleich hohen Seitenbügeln[1]).

Eine Kreuzung aus beiden Typen veranschaulicht Modell 52, das den ägyptischen vorne abgerundeten Grundriß und demgemäß den einheitlichen Bügel mit der dem helladischen Wagen eigenen Verkleidung im unteren Teile verbindet.

Die Bespannung mit zwei Pferden hält sich bis in die spät geometrische Zeit, wo daneben an Modellen und auf Vasenbildern zum ersten Male im griechischen Mutterlande das Viergespann auftaucht. Im Osten ist es, abgesehen von den mit vier Ochsen bespannten Philisterkarren unter Ramses III. (N. S. 30, St. S. 168), am Rennwagen bereits etwas früher, aber auch schon in der Zeit des geometrischen Stils nachweisbar (St. 15 S. 169). Daß die Griechen, wie JULIUS LANGE[2]) meint, bei seiner Einführung nur ästhetische Rücksichten im Auge gehabt hätten, glaube ich nicht. Ich verstehe auch nicht, warum er ihm „eine praktische und militärische" Bedeutung absprechen will. Zum mindesten die praktische liegt auf der Hand: die Möglichkeit einer beschleunigten Vorwärtsbewegung, wie sie die Verwendung des Wagens im Rennsport vor allem erheischt, wobei an die $τέσσαρες$ $ἀθλοφόροι$ $ἵπποι$ der Iliasstelle XI 699 erinnert werden mag. Doch auch sein Gebrauch zu Kriegszwecken stellt dasselbe Postulat; und daß der in der geometrischen Periode noch nicht aufgehört hatte, ist bereits zu Anfang bemerkt worden.

---

[1]) Vgl. STUDNICZKA, Athen. Mitt. XXIV 1899, 372 Anm. 4.
[2]) Darstellung des Menschen in der älteren griechischen Kunst (deutsch von M. MANN) S. 116.

SCHLUSSWORT.

Von den hier besprochenen mannigfachen Formen, die der Rennwagen von seinem Auftreten auf griechischem Boden, das noch vor die Mitte des zweiten Jahrtausends fiel, bis etwa um die Wende des VIII. und VII. Jahrhunderts aufwies, wird nur der zuletzt besprochene Bügelwagen mit rechteckigem Grundriß unverändert von der Folgezeit übernommen. Er ist es, der der weiteren Entwickelung des Rennwagens im griechischen Mutterlande zugrunde liegt. Diese läßt sich vor allem an der Hand der zahlreichen Vasenbilder verfolgen, welche auch lokale Verschiedenheiten des Typus, aber meist nur geringfügige, festzustellen erlauben. So stehen einander in der Zeit des Archaismus Korinth und Attika gegenüber. Eine strengere Scheidung tritt aber erst dann ein, als der helladische Wagen einen Einfluß vom Osten erfährt, der, wie es scheint, bereits um die Mitte des VI. Jahrhunderts und zwar auf Chalkis und der Inselwelt zur Entstehung einer Kreuzung aus ionischen und helladischen Elementen geführt hat. In klassischer Zeit tritt dieser ionisierte Wagen in erfolgreiche Konkurrenz mit dem nunmehr auf die äußerste Leichtigkeit hin gebauten eleganten rein helladischen Bügelwagen.

Auf einen späten mutterländischen Typus geht, wie es scheint, die Wagenbeschreibung bei POLLUX, Onomastikon I 142 ff. zurück.

In Ionien lebt der ägyptische Typus fort, allerdings nicht in der leichten Form der geometrischen Periode, sondern in engerem Anschluß an die späteren Formen des Orients, wie das mehrspeichige Rad und die Vorverschiebung auf der Achse beweisen. Unsere Kenntnis vom Wagen der griechischen Bewohner des westlichen Kleinasien beschränkt sich im wesentlichen auf die archaische Zeit und damit stimmt das Wenige überein, was uns das Epos über den Streitwagen überliefert.

Tafel 1.

1. Sardonyx aus Vaphio.

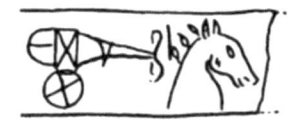

16. Schrifttäfelchen aus Knosos.

9. Thonmodell aus Mykenae, Athen, Nationalmuseum.

19. Von einer cyprisch-mykenischen Vase aus Enkomi, Brit. Museum.

Tafel 2.

38. Bronzemodell aus Olympia.

46. Von einer Dipylonscherbe in Athen.
(Cliché der Verlagsbuchhandlung B. G. Teubner.)

78. Von einer Dipylonamphora im Kunsthandel.

Tafel 3.

49. Thonmodell, wahrscheinlich aus Tanagra. Athen, Nationalmuseum.

Tafel 4.

60. Von einem Lebes aus Theben, British Museum.

71. Vom Dipylonkrater mit Darstellung der Ekphora, Athen, Nationalmuseum.
(Cliché der Verlagsbuchhandlung B. G. Teubner.)